Judith Büschel

Edith Geheeb

Bildungs- und kulturgeschichtliche Beiträge für Berlin und Brandenburg

Band 4

herausgegeben von

Knut Kiesant, Wolfgang Neugebauer, Hanno Schmitt,
Heinz-Elmar Tenorth, Frank Tosch

Judith Büschel

Edith Geheeb

Eine Reformpädagogin zwischen pädagogischem Ideal und praktischem Schulmanagement

WEIDLER Buchverlag

Printed in Germany

ISBN 978-3-89693-401-7

Herstellung durch Frank & Timme GmbH
Wittelsbacherstraße 27a, 10707 Berlin
info@frank-timme.de

www.weidler-verlag.de

Inhaltsverzeichnis

1. Einleitung ... 7

2. Kindheit und Jugend ... 13
2.1 Familiärer Hintergrund ... 13
2.2 Ausbruch aus den bürgerlichen Gepflogenheiten – Soziale Arbeit in Berlin ... 19
2.3 Die Freie Schulgemeinde Wickersdorf und die Begegnung mit Paul Geheeb ... 28

3. Die Odenwaldschule ... 37
3.1 Gründung und Aufbau ... 37
3.2 Edith Geheeb als Unternehmerin – ihre wirtschaftlichen und organisatorischen Tätigkeiten ... 43
3.3 Edith Geheeb als Pädagogin ... 57
3.4 Edith Geheeb als Privatperson ... 63

4. Repressionen während der NS-Zeit und die Emigration in die Schweiz ... 69
4.1 Der Nationalsozialismus ... 69
4.2 In Pont-Céard ... 77
4.3 Auf den Playaden ... 81
4.4 Schloss Greng ... 83
4.5 Am Schwarzsee ... 85

5. Die Ecole d\`Humanité in Goldern ... 91
5.1 Der Aufbau der Ecole d\`Humanité in Goldern ... 91
5.2 Der Tod Paul Geheebs und Konsequenzen für die Schulleitung ... 104
5.3 Privatleben ... 114

6. Resümee: Lebenswerk und Persönlichkeit ... 119

7. Tabellarischer Lebenslauf Edith Geheebs ... 123

8. Literaturverzeichnis ... 125
8.1 Nachlässe und unveröffentlichte Quellen ... 125
8.2 Interviews ... 125
8.3 Unveröffentlichte wissenschaftliche Arbeiten ... 126
8.4 Gedruckte Quellen und Sekundärliteratur ... 126

1. Einleitung

> Von Kindheit an war mir bewusst, dass es Paulus ohne Edith nie gelungen wäre, seine pädagogischen Ideen in die Praxis umzusetzen, ebenso wie Edith ihr Lebensziel nicht ohne Paulus` Führung gefunden hätte. Ediths Bescheidenheit hat bis heute ihr eigenes Wirken in den Schatten der Grundsätze und Ideale von Paulus gestellt. Doch was sind Ideale ohne unerlässlichen Einsatz, praktisches Können, scharfen, nüchternen Wirklichkeitssinn und menschliche Wirkung im Geist der Versöhnung und Verantwortung? Sie gaben dem pädagogischen Gerüst Körper und Stabilität, sie waren wesentliche Botschaft für das heranwachsende Kind.[1]

Edith Geheeb[2] (1885-1982), Mitbegründerin und -leiterin sowohl der Odenwaldschule als auch der nachfolgenden Ecole d'Humanité, ist bei der wissenschaftlichen Aufarbeitung der reformpädagogischen Bewegung von der historischen Erziehungswissenschaft bisher weitestgehend vergessen[3] worden, wohl vor allem, weil Edith Geheeb im Vergleich zu ihrem Mann Paul Geheeb kaum in der Öffentlichkeit in Erscheinung getreten ist, obwohl zahlreiche Aussagen ehemaliger MitarbeiterInnen und SchülerInnen ihren enormen Einsatz für diese Schulen unterstreichen. Auch hier verwandte unveröffentlichte Examensarbeiten liefern nur am Rande ein zudem unzureichendes Bild von Edith Geheebs Aufgabenbereich[4]. Erst neuere Publikationen[5] beschäftigen sich auch mit *ihrer* Rolle

---

1 Cassirer, Henry: Meine Tante Edith!, S. 92. Hinweis zur Zitierweise: Die gedruckten Quellen und die Literatur werden prinzipiell nach der Zitierweise „Autor: Kurztitel, Jahr, Seitennachweis des Zitats" zitiert. Bei gleichem Nachnamen wird der Vorname mit angegeben, um Verwechslungen vorzubeugen.

2 Im Folgenden wird vor allem zugunsten der flüssigeren Lesbarkeit nur noch der Name Edith Geheeb verwendet, auch wenn Themen und Ereignisse behandelt werden, die sich auf die Zeit vor ihrer Heirat mit Paul Geheeb beziehen. Allerdings änderte Edith Geheeb – wie an ihrem Briefkopf aus dieser Zeit ersichtlicht wird – ihren Namen einige Jahre vor ihrem Tod wieder in Edith Geheeb-Cassirer, ein Ausdruck ihrer Emanzipation und doch starken Verbundenheit zu ihrer Familie.

3 Nur vereinzelt wurde Edith Geheebs Einsatz für die beiden Schulen und ihr Wirken als ‚Ehefrau von' erwähnt, etwa in: Kurzweil: Die Odenwaldschule (1910-1934), 1973; Shirley: Politics of progressive education, 1992. Den eigentlichen Fokus bildeten jedoch stets Paul Geheeb und weiterführende Fragestellungen.

4 Hierzu zählt neben der Examensarbeit von Kurt Ullmann auch die Diplomarbeit Christl Starks, vgl. Ullmann: Ecole d'Humanité, Examensarbeit 1964; Stark: Versuch einer Stellungnahme, Diplomarbeit Heidelberg 1994. Eine Einschätzung und Kritik dieser beiden Arbeiten findet sich in jeweils jenem Abschnitt dieser Arbeit, in welchem ich sie zum ersten Mal zitiere, vgl. also Anmerkung 181 und 270.

5 Hierzu zählt zum einen die Paul-Geheeb-Biographie Martin Näfs, deren zweiter Band demnächst erscheinen wird, wobei diese Darstellung natürlich schwerpunktmäßig das Leben Paul Geheebs behandelt und somit auch mit seinem Tod endet. Vgl. Näf: Paul Geheeb, 1998. Zum anderen findet sich in der noch zu veröffentlichenden Dissertation Ellen

beim Aufbau und Erhalt der beiden Geheebschen Institutionen, wobei eine umfassende Biographie und Analyse ihrer Arbeit jedoch nach wie vor aussteht. Ziel der folgenden Untersuchung soll es deshalb sein, die Persönlichkeit und das Schaffen Edith Geheebs anhand ihrer Biographie systematisch herauszuarbeiten und zu würdigen, um somit der Diskrepanz zwischen ihrer Bedeutung für die beiden Schulen und ihrer öffentlichen Bekanntheit und Anerkennung entgegenzuwirken.

Dabei wird zunächst die Frage nach ihrer Herkunft, also ihrer Zugehörigkeit zu der bekannten Familie Cassirer, und nach ihren Bemühungen, sich den damit verbundenen Erwartungen an eine bestimmte Lebensweise zu entziehen, einen wichtigen Aspekt darstellen, der vor allem auch im Hinblick auf ihr Selbstverständnis als Frau bzw. im Hinblick auf eine etwaige Vorreiterrolle für ihre Generation interessant ist. Eng damit verbunden sind ihre Bemühungen um eine pädagogische Ausbildung und dementsprechende praktische Arbeit, die sie letztlich auch an die Freie Schulgemeinde Wickersdorf und zu Paul Geheeb führten.

Darauf aufbauend gilt es, ihren vielfältigen Einsatz beim Aufbau der Odenwaldschule zu betrachten und ihr breites Aufgaben- und Arbeitsspektrum im alltäglichen Schulleben zu analysieren, welches nicht unerheblich zu eben deren Fortbestehen beigetragen hat. Ihre wirtschaftlich-organisatorischen Tätigkeiten, die von der groben Koordination der Schule bis hin zu den kleinen Belangen des Alltags reichten, wurden dabei durch ihren pädagogischen Einsatz als Familienmutter, Ansprechpartnerin und Vermittlerin ergänzt. In diesem Zusammenhang muss auch der Frage nach ihrer Beziehung zu Paul Geheeb bzw. nach ihrer Rolle als dessen Frau nachgegangen werden, da diese untrennbar mit ihrer Stellung sowohl im Schulleben als auch in der Schulleitung verbunden ist.

Auch als die Odenwaldschule durch die zunehmenden Repressionen der Nationalsozialisten 1934 quasi in die Emigration in die Schweiz gezwungen wurde, hatte Edith Geheeb entscheidenden Anteil am Aufbau und Fortbestand der neugegründeten Ecole d'Humanité, die zahlreiche Male in eine neue Unterkunft umziehen musste, bis sie 1946 in Goldern, Hasliberg eine dauerhafte Bleibe fand. Diese Jahre (1934-1946) werden

---

Schwitalskis eine Kurzbiographie Edith Geheebs, die sich allerdings vor allem mit ihrer bürgerlichen Herkunft und ihrer Arbeit an der Odenwaldschule befasst sowie einen Vergleich zu anderen an der Odenwaldschule beschäftigten Pädagoginnen zieht und Edith Geheebs spätere Lebensjahre somit ausspart. Wann immer ich mich in dieser Arbeit auf Ellen Schwitalski beziehe, beziehe ich mich auf das Manuskript ihrer Dissertation vom Dezember 2001. Im April 2004 erschien diese Schrift unter dem Titel: Schwitalski, Ellen: „Werde, die du bist.“ Pionierinnen der Reformpädagigik. Die Odenwaldschue im Kaiserreich und in der Weimarer Republik, Bielefeld 2004.

innerhalb meiner Betrachtungen jedoch vorrangig eher deskriptiven als umfassend analytischen Charakter haben, um das Hauptaugenmerk auf Edith Geheebs Wirken an den etablierten Schulen richten zu können. Auch ihr Wirken an der Ecole in Goldern wird deshalb auf der Basis ihres bisherigen Schaffens vor allem auf sich ergebende Erweiterungen ihres Aufgabenbereichs hin untersucht werden, welche in gewissem Maße auch aus der zunehmenden Altersschwäche und Zurückgezogenheit Paul Geheebs resultierten. Schließlich wird Edith Geheebs Umgang mit dem ihr nach dem Tode von Paul Geheeb übertragenen pädagogischen Erbe hoffentlich weitere Aussagen über ihre Beziehung zu dem gemeinsamen Werk und über ihr Verständnis als Reformpädagogin zulassen.

Doch über die Analyse ihrer eigentlichen Arbeit hinaus soll diese Biographie auch den Menschen Edith Geheeb erfahrbar machen, also auch Zusammenhänge aufzeigen zwischen ihrem pädagogisch-praktischen Tun und ihren persönlichen Interessen, privaten Unternehmungen, aber auch psychischen Schwierigkeiten.

Selbstverständlich erfährt jeder Versuch, sich einer Person biographisch-rekonstruktiv zu nähern, methodische und interpretative Grenzen, die in ihrer jeweiligen Ausprägung stets mitgedacht und mitgenannt werden müssen. Auch wenn an dieser Stelle und im Rahmen dieser Arbeit eine ausführliche Betrachtung der theoretischen und methodischen Grundlagen einer historischen Biographieforschung leider nicht erfolgen kann[6], muss zumindest darauf hingewiesen werden, dass die vorliegende Biographie von Edith Geheeb natürlich nicht mit ihrem tatsächlich gelebten Leben verwechselt werden darf. Eine jegliche derartige Rekonstruktion enthält schon durch die Vorauswahl der Quellen und einer sich anschließenden Schwerpunktsetzung durch den Autor eine Interpretation, welche sich in der Darstellung einzelner Lebensabschnitte und -problematiken fortsetzt. Dabei entscheidet auch das Verhältnis von Nähe und Distanz des Verfassers zur porträtierten Person über das Gelingen der Darstellung: Ist eine gewisse Nähe unabdingbar, um einzelne Entscheidungen oder Handlungen der Person überhaupt nachvollziehen und verstehen zu können, braucht eine solche Arbeit doch immer wieder auch Distanz, die eine möglichst objektive Analyse erst ermöglicht. Auch etwaige moralische Beurteilungen, welche sich aus der historischen Perspektive und der persönlichen Meinung des Autors ergeben, sollten wei-

6 Ein profunder Überblick über diese Forschungsproblematik findet sich v.a. in Link: Reformpädagogik, 1999, Kapitel 1.3. Einen weiteren Einstieg in diese Thematik bieten darüber hinaus u.a. (!) Krüger: Handbuch Biographieforschung, 1999; Schulze: Erziehungswissenschaftliche Biographieforschung, 2002; Tenorth: Biographie und gelebtes Leben, 1997.

testgehend zurückgedrängt werden. Die Frage nach einer angemessenen Beurteilung ergibt sich allerdings auch in erster Linie aus dem weiter gefassten Anliegen einer Biographie: Geht es ‚lediglich' darum, den zeitgeschichtlichen Zusammenhang zwischen einem einzelnen Individuum und der entsprechenden Gesellschaft aufzuzeigen oder sollen zugleich auch Parallelen zu anderen Vertretern wahlweise dieser Generation, dieses Berufs oder dieser sozialen Zugehörigkeit untersucht werden? Eine solche vergleichende Perspektive wurde in dieser Arbeit nur im Hinblick auf einzelne Aspekte eingenommen, ging es doch – wie bereits erwähnt – in erster Linie darum, bisher gängige Darstellungen der Entwicklung der Odenwaldschule und der Ecole d'Humanité zu erweitern bzw. zu korrigieren und das Schaffen Edith Geheebs als solches darzustellen. Somit sollen sich jegliche Interpretationen auch darauf beschränken, Edith Geheebs Handeln im Kontext ihres Umfeldes und mit Blick auf etwaige (Aus-)Wirkungen auf ihre Umwelt zu verdeutlichen.

Dieses Handeln konkret zu er- und umfassen ist jedoch insofern keine leichte Aufgabe, als die vorhandenen Quellen Edith Geheebs Arbeit nicht systematisch dokumentieren. Eigene Veröffentlichungen von Edith Geheeb gibt es nicht, wenn man von einem kurzen, bisher in der Sekundärliteratur nicht erwähnten Text über die Odenwaldschule, welcher in einem Essayband von Else Lasker-Schüler unter dem Namen Edith Geheeb-Cassirer erschienen ist[7], und wenigen von ihr gehaltenen Reden sowie einem Geleitwort in der Zeitschrift ‚pädagogik heute' absieht[8]. Diese Schriften enthalten insgesamt allerdings weder wesentliche Anhaltspunkte für ihre pädagogischen Ideen und Überzeugungen noch für ihre praktische Tätigkeit.

Im Hinblick auf Edith Geheebs Kindheit und Jugend ist insgesamt wenig Quellenmaterial erhalten, was wohl vor allem der Tatsache geschuldet ist, dass sowohl Max Cassirer bei seiner Emigration nach England 1938, als auch Edith Geheeb selbst bei den diversen Umzügen der Schule nicht viele private Dokumente mitgenommen hat. Auch im Hinblick auf ihre Zeit an der Odenwaldschule spielt dieser Aspekt eine gewisse Rolle, wohingegen Edith Geheeb seit 1946 etwa jegliche Korres-

7 Jener Text über die Odenwaldschule stellt – vor allem aus heutiger Sicht – eine recht kitschig-verträumte Darstellung des Lebens an der Odenwaldschule dar. Vgl. Geheeb-Cassirer, Edith: Die Odenwaldschule, 1913. Ob diese Geschichte jedoch tatsächlich Edith Geheeb zugeschrieben werden kann, halte ich in Anbetracht der sehr blumigen Sprache und ihrer immer wieder formulierten Unfähigkeit und Unlust zu schreiben für sehr fragwürdig.

8 Vgl. hierzu unter anderem Geheeb, Edith: Rede beim Bezug der drei neuen Häuser (1970), in: http://www.ecole.ch/deutsch/framesecole.html, 13.01.2003; sowie Geheeb, Edith: Paul Geheeb 1870-1961, 1968.

pondenz, also auch die private, diktierte und stets einen Durchschlag zurückbehielt, wodurch letztlich eine große Fülle an Dokumenten entstanden ist.

Abgesehen von der Menge des Materials lässt sich im Hinblick auf beide Schulen allerdings feststellen, dass die praktische Arbeit und der organisatorische Ablauf von den Verantwortlichen vor Ort kaum dokumentiert wurden, entscheidend war stets das tatsächliche Handeln. Dementsprechend lassen sich auch nur wenige strukturelle Quellen finden, was in verstärktem Maße für Edith Geheebs Tätigkeiten gilt, da diese zunächst in keinem fest umrissenen Arbeitsgebiet tätig war. Die entscheidende Grundlage für eine Rekonstruktion ihres Lebens und Wirkens bilden daher ihre vielen und umfangreich erhaltenen Korrespondenzen[9], welche sowohl geschäftliche, private als auch pädagogische Aspekte enthalten, sowie einige andere Aufzeichnungen und Redemanuskripte.

Diese Korrespondenzen befinden sich sowohl im Archiv der Odenwaldschule Oberhambach (AOSO), als auch in erheblich größerem Umfang im Archiv der Ecole d'Humanité (AEdH)[10]. In letzterem war mir neben Armin Lüthi und Irmi Jones vor allem Martin Näf bei einer sinnvollen Vorauswahl der zu verwendenden Korrespondenzen behilflich[11], da im Rahmen dieser Arbeit letztlich nur ein kleiner Teil der vorhandenen Dokumente überhaupt berücksichtigt werden konnte.

Über den Briefverkehr hinaus gibt es – zum größten Teil im Hinblick auf Jubiläen und andere Ehrungen entstandene – Schriften, in denen sich Dritte an sie und ihre Arbeit erinnern. Hierzu zählen auch entsprechende Kommentare in der Schülerzeitung der Odenwaldschule[12]. Schließlich sind auch einige Interviews, zum Teil mit Edith Geheeb selbst, zum Teil

9 Darüber hinaus wurden auch einige andere Korrespondenzen zwischen ihr nahe stehenden Personen berücksichtigt, sofern sie Edith Geheebs Arbeit und Persönlichkeit unmittelbar betreffen.

10 Im Folgenden werde ich diese beiden Archive auch unter diesen genannten Abkürzungen zitieren.

11 Martin Näf hat mir freundlicherweise auch die von ihm angefertigten so genannten Biodaten zur Verfügung gestellt, in denen der Lebenslauf Paul Geheebs sowie die Geschichte der beiden Schulen chronologisch dargestellt ist. Diese Darstellung entstand während der Auswertung des Nachlasses von Edith und Paul Geheeb und beruht – neben einigen anderen Quellen und Sekundärliteratur – vor allem auf diesem. In den Biodaten befinden sich deshalb auch zahlreiche Zitate aus Briefen der Geheebs. Wann immer ich mich auf diese Biodaten und auf in ihnen zitierte Briefstellen beziehe, habe ich das in der jeweiligen Literaturangabe erwähnt.

12 Diese Schülerzeitung hieß zunächst ‚Der Waldkauz', seit 1927 dann ‚Der Neue Waldkauz'. In der Ecole d'Humanité hatte sich eine entsprechende Zeitung zu Lebzeiten der Geheebs nicht etabliert.

mit ehemaligen MitarbeiterInnen bzw. mit Paul Geheeb vorhanden, welche sehr anschaulich ausgewählte Aspekte der gemeinsamen Arbeit verdeutlichen. Auch die von mir selbst geführten Interviews mit Armin Lüthi und Irmi Jones, die Edith Geheeb persönlich kannten, geben Aufschluss über ihre Persönlichkeit.

Da das hier verwandte Material also in erster Linie auf subjektiven Erinnerungen oder Darstellungen beruht, wird klar, dass die enthaltenen Aussagen stets auch eine Wirklichkeit konstruieren und interpretieren, also jeweils nur eine persönlich erfahrene ‚Realität' von vielen parallelen ‚Realitäten' wiedergeben. Dies gilt sowohl für die Aussagen Edith Geheebs, die sich zudem in den mit ihr geführten Interviews durchaus an die gängige Geschichtsschreibung hielt und zunächst die Ansichten und das Schaffen ihres Mannes wiedergab, als auch für alle übrigen Dokumente, in denen ein jeweils anderes Bild oder ein anderer Akzent der Persönlichkeit Edith Geheebs enthalten ist. Gerade aber die enorme Fülle der erhaltenen Quellen und die damit verbundene Vielzahl an unterschiedlichen Stimmen ermöglichen bei vorsichtiger Interpretation letztlich eine relativ dichte Darstellung ihres Lebens und ihres Schaffens.

2. Kindheit und Jugend

2.1 Familiärer Hintergrund

Edith Johanna Cassirer[13] wurde am 5. August 1885 in Danzig als zweites von insgesamt drei Kindern des Ehepaares Max und Hedwig Cassirer geboren.

Ihr Vater Max (1857-1943) entstammte als jüngstes Kind einer Kaufmannsfamilie aus Schwientochlowitz, einem 700-Seelen-Dorf in Schlesien. Nach dem Besuch des humanistischen Gymnasiums studierte Max Cassirer zunächst Medizin in Berlin und Breslau, ohne jedoch später in diesem Bereich tätig zu werden. Stattdessen gründete er 1882 ein Holzgeschäft in Danzig, wo er im gleichen Jahr auch das Bürgerrecht erwarb. Nach seiner Heirat mit Hedwig Freund am 14. Januar 1883 und der Geburt der drei Kinder Kurt Hans (1883), Edith Johanna (1885) und Franz (1887) zog die Familie im Jahre 1887 nach Berlin-Charlottenburg, in welchem der Name Cassirer nicht zuletzt aufgrund des erwirtschafteten Vermögens während der Gründerzeit bereits mit einer der „angesehensten und einflußreichsten Familien“[14] verbunden wurde.

Auch in Berlin war Max Cassirer zunächst im Holzhandel tätig, wurde unter anderem Mitglied im Holzhandelshaus und gründete 1895 zusammen mit dreien seiner Brüder eine Zellulosefabrik in der polnischen Stadt Wloclawek. Darüber hinaus war er sowohl Hauptgeschäftsführer und Aufsichtsratsvorsitzender der Dr. Cassirer und Co AG Kabelwerke, welche ebenfalls von zweien seiner Brüder gegründet worden waren, wie er auch oft in einflussreicher Position in zahlreichen anderen Unternehmen, Gruppen und Gremien tätig war.[15]

Neben seiner wirtschaftlichen Arbeit engagierte sich Max Cassirer jedoch auch im politisch-öffentlichen Bereich: Er war Mitglied der Demokratischen Partei[16] und nacheinander als ehrenamtlicher Waisenpfleger, Handelsrichter und Stadtverordneter[17] tätig, bis er im Jahre 1896 zum Stadtrat von Charlottenburg gewählt wurde. Am Ende seiner Amtszeit (1919), während der er auch unentgeltlich das Dezernat für die Gas- und Wasserversorgung leitete, wurde ihm das Ehrenbürgerrecht von

13 Vgl. Anmerkung 2.

14 Brühl: Die Cassirers, 1991, Seite 32.

15 Dazu zählten u.a. die Sulfit-Cellulose-Fabrik Tillgner & Co, die AG Ziegenhals in Schlesien, die Hermsdorfer Boden AG, der Verein deutscher Zellstoff-Fabrikanten und der Reichsverband der Deutschen Industrie, Vgl. Brühl: Die Cassirers, 1991, Seite 33.

16 Vgl. Cassirer, Henry: Und alles kam anders, 1992, S. 9.

17 Vgl. Näf: Paul Geheeb, 1998, S. 361.

Charlottenburg verliehen. Auch wenn für die Cassirers „der Lebensstil und die Haltung der Großbourgeoisie, die nicht mehr wie in den Jahrzehnten der Gründerzeit mit ihrem Reichtum prahlten, sondern eher vornehme Zurückhaltung übten, zum Leitbild“[18] wurden, war Max Cassirer nach Auskunft seines Enkels – dem bekannten Journalisten Henry Cassirer – „stolz darauf, viel für diesen bedeutenden Stadtteil Berlins getan zu haben“[19].

Das Leben von Edith Geheebs Mutter Hedwig ist im Gegensatz zu dem ihres Mannes kaum durch Quellen zu belegen. Sie wurde 1862 in Schlesien geboren und starb unerwartet an den Folgen einer Blinddarmoperation am 13. Mai 1928 in Berlin. Aus Briefen ist lediglich bekannt, dass sie sich für Musik und Theater interessierte und selbst auch Klavier gespielt hat.[20] Darüber hinaus schien sie sich ganz ihrer Rolle als Frau Stadtrat Cassirer angepasst zu haben, zählte sie doch zu jener Generation von Frauen, denen eine Erwerbstätigkeit verwehrt blieb und deren Wirkungskreis deshalb „auf Ehe und Familie, auf die Hauswirtschaft“[21] beschränkt war. Auch wenn belegt ist, dass die Familie Cassirer – zumindest in späteren Jahren – über zahlreiche Dienstboten verfügte, und Hedwig Cassirer dadurch von direkter Hausarbeit entbunden war, wird sie versucht haben, dem gängigen bürgerlichen Frauenideal zu entsprechen:

> [Die Frau] soll aber keineswegs Muße im Sinn der verwerflichen Untätigkeit zeigen, sondern sich um das Wohlergehen ihrer Familie kümmern; genauso rastlos, wie sich der Mann im Geschäft abmüht, soll sie sich um die Zufriedenheit von Mann und Kindern, die Wohlerzogenheit der Dienstboten, den häuslichen Ablauf bemühen.[22]

Zum häuslichen Ablauf zählte auch die finanzielle Verwaltung der häuslichen Wirtschaft, bei der sich Hedwig Cassirer durch besondere Sparsamkeit[23] hervortat, die „gerade in der Gruppe des wohlhabenden Bürgertums (die eigentlich keinen Konsumverzicht üben mußte, um den Aufwand der standesgemäßen Lebensweise zu ermöglichen) als eine sittlich gebotene Tugend“[24] galt.

Darüber hinaus erfüllte sie an der Seite ihres Mannes Aufgaben der Repräsentation, beschreibt Edith Geheeb doch später, dass sie sich an

18 Brühl: Die Cassirers, 1991, Seite 29.
19 Cassirer, Henry: Und alles kam anders, 1992, S. 9.
20 Vgl. Näf: Paul Geheeb, 1998, S. 362.
21 Klika: Erziehung und Sozialisation im Bürgertum, 1990, S. 95.
22 Ebda. S. 97.
23 Belegt durch Näf: Paul Geheeb, 1998, S. 362.
24 Klika: Erziehung und Sozialisation im Bürgertum, S. 95.

keinen Abend allein mit ihrer Familie erinnern könnte: Entweder man hatte Gäste, war selbst eingeladen oder ging ins Konzert oder Theater[25].

Das Verhältnis Edith Geheebs zu ihrer Mutter scheint schon früh angespannt und distanziert gewesen zu sein, verkörperte jene in ihrer traditionellen Frauenrolle doch bereits eine Lebensführung, die zukünftig auch von Edith Geheeb erwartet werden würde. Allerdings setzte sie sich gegen die zahlreichen Belehrungen, welche Verhaltensweisen einer Tochter aus gutem Hause angemessen waren und welche nicht, schon früh zur Wehr und provozierte dadurch viele Streitigkeiten mit der oft unzufriedenen und nörgelnden Mutter[26].

Im Gegensatz dazu war die Beziehung zum Vater trotz dessen starker Arbeitsbelastung eine sehr prägende, wie sich Edith Geheeb später erinnerte: „Ich hatte einen Vater, den ich heiss geliebt habe, der sehr autoritär war, aber ein wunderbarer Mensch, der viel Verständnis hatte und trotzdem seine Meinung sehr stark immer in den Vordergrund gestellt hat."[27] Wie vorbildhaft Max Cassirer auf seine Tochter gewirkt hat, wird deutlich, wenn man sich vor Augen führt, dass sie noch als 70jährige behauptet, „kaum zum Ausdruck bringen" zu können, was es ihr bedeutet habe, „diesen verehrten, wenn auch gestrengen Vater zu erleben und ihm zu folgen"[28].

Ediths Geheebs Bruder Franz starb bereits 1912 in Buenos Aires, wo er – den kaufmännischen Fußstapfen seines Vaters folgend – in einer Bank gearbeitet hatte. Mit ihrem Bruder Kurt, der in den 20er und 30er Jahren zeitweise als Kunsthändler in Rom lebte, war sie bis zu seinem Tod im Jahre 1975 eng verbunden. Er und seine Frau Eva (geb. Solmitz), eine lebenslange, sehr gute Freundin Edith Geheebs, lebten und arbeiteten viele Jahre in der Odenwaldschule und waren auch nach ihrer Rückkehr aus dem Exil in England während des Nationalsozialismus sehr an deren Wiederaufbau beteiligt.

Über die Kindheit und Jugend Edith Geheebs sind insgesamt wenig Quellen erhalten, was zum einen der eiligen Emigration des Vaters im Jahre 1938 zuzuschreiben ist, aufgrund derer Haus und Eigentum verkauft wurden und viele private Dokumente der Eltern – welche auch Aufschluss über ihre Tochter Edith hätten geben können – zurückbleiben mussten. Zum anderen musste Edith Geheeb auch selbst mehrmals in ih-

---

25 Vgl. AEdH, undatierte Tonbandaufnahme von Edith Geheeb (Kassette 4), zitiert in: Näf: Paul Geheeb, 1998, S. 364.

26 Vgl. Näf: Paul Geheeb, 1998, S. 363.

27 Geheeb, Edith: Aus meinem Leben, 1975, S. 7.

28 Geheeb, Edith: Rede beim Bezug der drei neuen Häuser (1970), in: http://www.ecole.ch/deutsch/framesecole.html, 13.01.2003.

rem Leben – und oft ohne große Vorbereitungen – mit der Schule umziehen bzw. emigrieren, wobei sicherlich auch einiges Material verloren gegangen ist.

Dennoch lässt sich eine Vorstellung davon gewinnen, wodurch ihr Leben als Mädchen bzw. junge Frau aus großbürgerlichem Hause geprägt war.

Die Cassirers residierten seit ihrem Umzug nach Charlottenburg in einer sehr guten Wohngegend, zogen 1899 in die Joachimsthaler Straße um und erwarben 1905 schließlich eine herrschaftliche Villa in der Kaiserallee 182/183 (heutige Bundesallee), die erst mit der Emigration des Vaters an die Japanische Botschaft verkauft wurde. Der Bau war ganz auf großbürgerliche Repräsentation ausgerichtet, im Stil der Neorenaissance gehalten und von einem ansehnlichen Park umgeben. Auch seine Innengestaltung entsprach dem Habitus, welcher von dieser Gesellschaftsschicht erwartet wurde: „Im Herrenzimmer standen historisierende Möbel in Anlehnung an den flämischen Barock. Die Wände schmückten originale Goebelins, Familienporträts von Liebermann und russische Ikonen."[29] Auch darüber hinaus leistete man sich einen großzügigen Lebensstil, gab Gesellschaftsabende mit Tanz, ging ins Konzert oder ins Theater, und beschäftigte neben einem Gärtner, einer Köchin und einer ‚Jungfer' auch einen Portier sowie weiteres Personal[30]. Sogar dem Trend der im letzten Drittel des 19. Jahrhunderts aufgekommenen so genannten Badereisen und Kuren konnten die Cassirers zwei- bis dreimal jährlich folgen. Sie verbrachten im Sommer entweder eine gewisse Zeit in dem in der Nähe von Danzig gelegenen Ostseebad Zoppot oder im Kurort Marienau, im Winter wurde St. Moritz oder Südtirol aufgesucht[31].

Sehr hoch gehalten wurden auch die Verbindungen und Kontakte zu anderen Mitgliedern der „stolzen und selbstbewußten Cassirer-Familie"[32], denn neben den bereits erwähnten geschäftlichen Beziehungen und dem alljährlichen großen Familientreffen nahm man auch sonst starken Anteil am gegenseitigen Ergehen und wurde traditionell, wenn auch nicht in die direkte Entscheidungsfindung, so doch zumindest teilweise in die Phasen des Prozesses und die Konsequenzen des Ergebnisses mit

29 Brühl: Die Cassirers, 1991, S. 32.
30 Vgl. AEdH, undatierte Tonbandaufnahme von Edith Geheeb (Kassette 4), zitiert in: Näf: Paul Geheeb, 1998, S. 364.
31 Vgl. Näf: Paul Geheeb, 1998, S. 364.
32 Cassirer, Henry: Und alles kam anders, 1992, S. 8.

einbezogen.[33] Auch in der so genannten zweiten Generation, zu der neben Edith Geheeb so bedeutende Persönlichkeiten wie der Philosoph Ernst Cassirer, der Kunsthändler und Gallerist Paul Cassirer, der Verleger Bruno Cassirer, der Arzt Richard Cassirer und der Neurologe Kurt Goldstein zählten, standen die Familienmitglieder untereinander in Kontakt.

Sowohl Max als auch Hedwig Cassirer waren Juden, sie teilten aber die Auffassungen der Assimilitionisten nach einer größtmöglichen Anpassung an das christliche Umfeld und ließen ihre Kinder sogar christlich taufen[34]. Über ihre Religionszugehörigkeit sagte Edith Geheeb rückblickend:

> Ich selbst, ich bin christlich erzogen worden. Ich hatte jüdische Eltern, die ihre Kinder christlich erzogen. Aber ich konnte mit dem Christentum auch nicht viel anfangen, also mit der Kirche meine ich. Ich hab eigentlich überhaupt erst ein religiöses Bewusstsein bekommen, als ich mit dem Indischen in Berührung gekommen bin.[35]

Auch in anderer Hinsicht konnte Edith Geheeb mit ihrem damaligen Leben nicht viel anfangen. Den Gegebenheiten und Ansprüchen ihrer Zeit entsprechend war die Erziehung höherer Töchter vor allem auf ihre zukünftige Rolle als liebende Gattin und nimmermüde Hausfrau ausgerichtet, die sich bescheiden und selbstlos hinter ihren Mann und in den Dienst ihrer Familie stellte. Dieses wurde auch von Edith Geheeb erwartet:

> Nun, mein Vater hatte sich nicht vorgestellt, daß ich einen Beruf ergreifen sollte und konnte sich auch nicht vorstellen, daß ich etwas anderes tun würde als in Berlin zu heiraten und Kinder zu haben und vielleicht ein großes Haus zu führen.“[36]

Dementsprechend gestalteten sich die Inhalte ihrer Erziehung: Edith Geheeb hatte eine englische Erzieherin und besuchte seit 1893 die Volksschule, eine „ganz altmodische Privatschule“[37], von der sie 1895 auf die Höhere Töchterschule von Harry Schmitt wechselte. Welche Inhalte sie dort vermittelt bekam, ist konkret nicht nachzuvollziehen, man kann al-

33 Bei der Planung ihrer Hochzeit mit Paul Geheeb schrieb Edith Geheeb beispielsweise, dass eine solche Sache von allen Onkeln abgesegnet werden müsse, vgl. AEdH, Edith Geheeb an Paul Geheeb, 16.08.1909, zitiert in: Näf: Paul Geheeb, 1998, S. 393.

34 Edith Geheeb wurde am 03.10.1886 evangelisch getauft, vgl. AEdH, Nachlass Edith und Paul Geheeb.

35 Geheeb, Edith: Aus meinem Leben, 1975, S. 25.

36 AOSO, Interview mit Paul Geheeb, Edith Geheeb und Lisbeth Hartig durch Walter Schäfer, 1958, S. 63f.

37 AOSO, „Gespräch Dr. Kurt Cassirer – Dr. Heiner Cassirer – Oktober 1974“, S. 1-2.

lerdings davon ausgehen, dass auch diese Schule darauf ausgelegt war, den Mädchen „eine ganz allgemein gehaltene höhere Bildung ohne Berechtigungsziele zu geben“[38], die „nicht Selbstzweck war, sondern ihren späteren Ehemännern zugute kommen sollte“[39]. Anscheinend verließ Edith Geheeb diese Schule bereits im Alter von elf Jahren und bekam von da an Privatstunden, welche unter anderem zwei bis drei Stunden Englischunterricht pro Woche und dreimal wöchentlich Kochunterricht beinhalteten[40]. Zudem absolvierte sie eine ganze Reihe von Kursen, welche sie zusätzlich auf ihre künftige Rolle vorbereiten sollten: Sie spielte Tennis, nahm Tanzunterricht, Reit- und Gymnastikstunden.

Die Sinnleere dieser Ausbildung schürte schon früh Unzufriedenheit und Verzweiflung in Edith Geheeb:

> Und nun war es so, daß ich sehr unglücklich zu Hause war, [...], und daß ich mich überhaupt nicht zurecht fand im Leben. Ich habe sehr viel herumgesucht, bis ich überhaupt etwas in eine Linie gekommen bin. Gelernt habe ich gar nichts. Ich war eine sehr schlechte Schülerin, und ich habe das auch später immer sehr empfunden, daß mir diese tiefere Bildung wirklich fehlte.[41]

Auch ihre Freundin Eva Solmitz (spätere Cassirer) bestätigte, sie habe von der Schule „kaum mehr als morgens vom Waschen [gemerkt]“[42]. Nun war Edith Geheeb nach eigenen Angaben schon früh „ein sehr schwieriges Kind und ein sehr eigensinniges Kind“[43]. Nach Aussage ihres Bruders war sie

> im wesentlichen ein trotziges Mädchen, und das ist eben dadurch gekommen, dass sie zu Dingen veranlasst wurde, die ihr absolut nicht einleuchteten, die gesellschaftliche Vorurteile waren. Den Begriff hat sie natürlich gar nicht gekannt, aber das steckte dahinter, und ein grosses Bedürfnis nach Unabhängigkeit.[44]

Auch andere junge bürgerliche Mädchen empfanden den drängenden Charakter dieser Situation: „Wir waren voll innerer Unruhe und von Wissenshunger besessen [...]“[45].

---

38 Klika: Erziehung und Sozialisation im Bürgertum, 1990, S. 336.

39 Ebda. S. 401.

40 Vgl. Schwitalski: Pädagoginnen an Reformschulen, Dissertation 2001, S. 228.

41 AOSO, Interview mit Paul Geheeb, Edith Geheeb und Lisbeth Hartig durch Walter Schäfer, 1958, S. 64.

42 Odenwaldschule (Hg.): Edith Geheeb und Eva Cassirer, Oberhambach 1965, S. 216.

43 AOSO, Interview mit Paul Geheeb, Edith Geheeb und Lisbeth Hartig durch Walter Schäfer, 1958, S. 63.

44 AOSO, „Gespräch Dr. Kurt Cassirer – Dr. Heiner Cassirer – Oktober 1974“, S. 5.

45 Ina Seidel (geb. 1885), zitiert in: Klika: Die Vergangenheit ist nicht tot, Frankfurt/New York 1996, S. 295.

Schon früh suchte Edith Geheeb deshalb nach Wegen, die strengen Konventionen zu durchbrechen und ihrem Leben einen Sinn zu geben. Zunächst blieben ihre Versuche auf eher marginale Tätigkeiten wie etwa auf das Tragen von Reformkleidung oder die Teilnahme an Berg- und Klettertouren mit dem Vater beschränkt. Eine wirkliche Gelegenheit, zumindest zeitweise aus den gegebenen Strukturen auszubrechen, bot sich, als sie – etwa 17jährig – von den so genannten „Mädchen- und Frauengruppen für soziale Hilfsarbeit" hörte.

2.2 Ausbruch aus den bürgerlichen Gepflogenheiten – Soziale Arbeit in Berlin

Diese „Mädchen- und Frauengruppen für soziale Hilfsarbeit" waren 1893 auf Initiative Minna Cauers gegründet worden und bemühten sich um mehr Engagement für die wirtschaftlich und kulturell benachteiligte Unterschicht. In dem Gründungsaufruf, den zahlreiche Berliner Honoratioren und ihre Frauen unterschrieben hatten, wurde angemahnt, dass gerade die Frauen und Mädchen der besitzenden Stände „den Anschauungen und Empfindungen der ‚unbemittelten Klasse' weder intellektuelles Verständnis noch persönliche Anteilnahme entgegenbrächten" und sie deshalb „zu ernster Pflichterfüllung im Dienste der Gesamtheit" herangezogen werden sollten[46]. Ehrenamtlicher praktischer Einsatz etwa in der öffentlichen Armenpflege, in privaten Wohlfahrtseinrichtungen oder im Erziehungswesen sollte durch eine theoretische Ausbildung unterlegt werden, welche die Tätigkeit der jungen Mädchen zu einer „umsichtigen und planmäßigen"[47] machen sollte. Diese theoretischen Kurse, „Vorlesungen in Soziologie, Staatsbürgerkunde, Hygiene u.a."[48], wurden im Pestalozzi-Fröbel-Haus (PFH) abgehalten. Alice Salomon – von Anfang an Mitglied der Vereinigung – übernahm 1899 das Amt der Vorsitzenden und führte in diesem Zuge im gleichen Jahr den ersten Jahreskursus, den Grundstein für die Ausbildung der Sozialarbeiterinnen, ein.

Als Edith Geheeb ca. 1901 oder 1902 heimlich bei Alice Salomon anfragte, ob sie eine Aufgabe für sie hätte, reagierte diese zunächst sehr erschrocken und skeptisch: „Sind Sie die Tochter von Stadtrat Cassirer, das wird Ihnen ja nie erlaubt werden."[49] Als Edith Geheeb ihr jedoch vor Augen führte, dass sie ihre Arbeit dann ja nicht sehr ernsthaft betreiben

46 Müller: Wie Helfen zum Beruf wurde, 1994, S. 123.

47 Ebda. S. 123.

48 AG „Geschichte des Pestalozzi-Fröbel-Hauses" (Hg.): Das Pestalozzi-Fröbel-Haus, Berlin 1991, S. 10.

49 AEdH, Interview mit Edith Geheeb durch Dr. Otto Kopp, Luzern 1970, S. 3.

würde, willigte Alice Salomon schließlich ein, das junge Mädchen zunächst als eine Art Sekretärin in ihrem Büro zu beschäftigen, eine Tätigkeit, die der Vater Max Cassirer „noch“ erlaubte[50].

Im Büro Alice Salomons zeigte sich jedoch – neben ihrem Auflehnen und dem starken Willen, ein eigenes, sinnerfülltes Leben zu gestalten – auch eine große Unsicherheit Edith Geheebs, die aufgrund fehlenden Selbstbewusstseins und wohl auch aufgrund ihrer mangelhaften Schulbildung behauptete: „Ich hab' ja überhaupt nichts gelernt, ich kann ja überhaupt gar nichts“. Sie habe im Büro Alice Salomons „wirklich [...] nicht viel geleistet, denn ich traute mir überhaupt nichts zu“[51]. Dennoch scheint in dieser Zeit eine relativ enge Bindung zwischen den beiden entstanden zu sein, denn Alice Salomon nennt Edith Geheeb später „mein *liebstes* Kind. Von all den 800, die unter meiner Leitung arbeiten, ist kein zweiter so wertvoller und lieber Mensch“[52]. Und Edith Geheeb schrieb noch kurz vor ihrem Tode, im Alter von 96 Jahren:

> Alice Salomon verdanke ich mehr, als ich Ihnen in wenigen Worten ausdrücken kann: sie hat mir zu meinem eigentlichen menschlichen Dasein, zu meinem Berufsleben verholfen.[53]

Dieses menschliche Dasein fand sie allerdings nicht in ihren Tätigkeiten als Sekretärin, sondern in der Arbeit mit Kindern. Alice Salomon hätte schließlich bemerkt, dass sie „praktisch brauchbar“ wäre und sie in einen Kindergarten von Anna von Gierke „gesetzt“.[54] Auch hier bedurfte es einiger Diskussionen, bis die Eltern ihr Einverständnis gaben.

Anna von Gierke (1874-1943) – ebenfalls Tochter aus ‚gutem Hause‘ – hatte schon früh begonnen, sich dem ihr vorgeschriebenen Lebensweg zu entziehen, indem sie sich als Helferin in einem Jugendheim, das für Arbeiterkinder der Heylschen Fabrik[55] in Charlottenburg eingerichtet

---

50 Zwangsläufig waren die Versuche Edith Geheebs, ihrem Leben eine Richtung zu geben und sich selbständig zu bilden, mit heftigen Konflikten und Streitereien mit ihren Eltern verbunden.

51 AEdH, Interview mit Edith Geheeb durch Dr. Otto Kopp, Luzern 1970, S. 3.

52 Alice Salomon an Paul Geheeb, 29.02.1908, zitiert in: Näf: Paul Geheeb, 1998, S. 375.

53 Edith Geheeb an Joachim Wieler, 03.02.1981, abgedruckt in: Wieler: Erinnerung eines zerstörten Lebensabends, 1987, Anhang XXIV.

54 AEdH, Interview mit Edith Geheeb durch Dr. Otto Kopp, Luzern 1970, S. 3.

55 Hedwig Heyl, ebenfalls eine der Vorreiterinnen im sozialen Engagement, hatte sich für die Arbeiter der Fabrik ihres Mannes eingesetzt, indem sie zum einen deren gesunde Ernährung forcierte, sie selbst bekochte und in Folge dessen auch Kochkurse nach finanziellen, ernährungswissenschaftlichen und lebenspraktischen Grundsätzen für die Frauen der Arbeiterklasse anbot. Zum anderen richtete sie einen Hort für die Töchter der Angestellten ein, welcher bald in weitere Stadtviertel expandierte und durch Kindergarten und Haushaltsschule erweitert wurde. Vgl. u.a. Taylor Allen: Feminismus und Mütterlichkeit, 2000, S. 170f, 300f.

worden war, engagierte und dessen Leitung nach einer Ausbildung zur Kindergärtnerin im Pestalozzi-Fröbel-Haus selbst übernahm. Dieses Jugendheim „griff bestimmte Anliegen der Sozialreformer dieser Zeit auf: die Regulierung der Kinderarbeit und den Gesundheitsschutz sowie das moralische Wohlergehen von Kindern und Jugendlichen“[56]. Denn auch wenn Kinderarbeit in der Industrie seit 1891 gesetzlich verboten war, wurden viele Kinder weiterhin in Familienbetrieben beschäftigt[57], unter anderem auch deshalb, weil es bis dahin wenig Betreuungsangebote für Arbeiterkinder gab. Diese Kinder aus der Arbeit und von den Straßen zu holen, ihnen eine ausreichende Ernährung zu bieten und darüber hinaus ihre charakterliche Entwicklung positiv zu fördern, hatten sich Anna von Gierke und ihre Mitarbeiterinnen zur Aufgabe gemacht. Das Jugendheim wurde aufgrund des großen Bedarfs 1901 um einen Nachmittagshort für Jungen erweitert und in den folgenden Jahren um diverse angegliederte Kindergärten, da die älteren Kinder in der Regel ihre jüngeren Geschwister zu beaufsichtigen hatten und somit auch diese versorgt werden mussten.

In einem dieser Kindergärten, die mit den „Mädchen- und Frauengruppen“ und mit dem Pestalozzi-Fröbel-Haus kooperierten, kam nun also auch Edith Geheeb als Helferin zum Einsatz und hatte sich nach eigener Aussage „ulkigerweise bewährt“[58]. Die an sie gestellten Arbeitsanforderungen beinhalteten dem Jahresbericht der „Mädchen- und Frauengruppen“ zufolge die „Beaufsichtigung von Kindern bei Schularbeiten, Unterweisung in Handarbeit und Haushalt, Beschäftigung kleinerer Kinder im Kindergarten“[59]. Nach den Vorstellungen Anna von Gierkes sollte eine Erziehung stattfinden, die in Anlehnung an Pestalozzi und Fröbel das Kind und seine Bedürfnisse in den Mittelpunkt stellte, man war also darauf bedacht, „jedem Kind ein Heim zu bieten, für das es arbeiten darf, dessen Wohltaten es genießt als berechtigtes Mitglied des Haushalts“[60]. Dass diese „Gemeinschaftserziehung in familienhafter Atmosphäre“[61] in der praktischen Umsetzung für Edith Geheeb kaum möglich war, wird deutlich, wenn sie davon berichtet, dass sie ganz allein mit 70 zu beaufsichtigenden Kindern in den Schlosspark Charlottenburg ge-

56 Ebda., S. 301.

57 Vgl. Ebda. S. 301.

58 AEdH, Interview mit Edith Geheeb durch Dr. Otto Kopp, Luzern 1970, S. 4.

59 Mädchen- und Frauengruppen für soziale Hilfsarbeit zu Berlin (Hg.): Jahresbericht und Programm 1901/1902, S. 20.

60 Gierke, Anna von: 25 Jahre Verein Jugendheim Charlottenburg und 5 weitere Jahre, Charlottenburg 1924, S. 12, zitiert in: Taylor Allen: Feminismus und Mütterlichkeit, 2000, S. 303.

61 Kuhlmann: Alice Salomon, 2000, S. 49.

schickt wurde. Auch als sie später dreimal wöchentlich in einem Kinderhort in Nordberlin arbeitete, waren die Arbeitsbedingungen sehr problematisch:

> Also, die Kinder waren so schwierig, wie man sich überhaupt nicht vorstellen kann. Das war eine Knabenschule, die also mit ihren ekelhaften Bänken ausgestattet war, und darin sollte man nun Kinderhort machen. Und so ein abgebrauchter Schulraum und ein Schulhof zwischen Häusern und die Kinder verwahrlost, wie Ihr Euch überhaupt nicht vorstellen könnt.[62]

Auf Fragen bekam sie keine Antwort und es herrschte „ein Aufruhr wie man sich nicht vorstellen kann“[63]. Gab es nachmittags Kakao, „da nahmen sie den Kakao und schütteten ihn über die Bänke und über die Tisch hinweg – also es war unerhört“[64]. Alice Salomon sprach später sogar davon, dass diese „50 rüdigen Knaben“ sogar mit Messern aufeinander losgegangen seien[65]. Dennoch schaffte Edith Geheeb es meistens, sie unter ihre Kontrolle zu bringen, etwa indem sie die Kinder in den Hof schickte und mit wenigen begann, ein Papiertheater zu bauen: „Da kamen mit der Zeit immer mehr rein und hatten Lust und ich hatte nachher die Kinder in der Hand“[66]. Sie sei letztlich „sehr gerne dorthin gegangen“.[67]

Allerdings empfand Edith Geheeb bei ihrer Arbeit auch eben jene Defizite, die eine andere, anonym zitierte Helferin in einer der Kindergartengruppen des Charlottenburger Jugendheims so formulierte:

> Ich habe gefunden, dass die Aufgaben, die diese Tätigkeit an eine Helferin stellt, nicht leicht genommen werden dürfen und dass irgendwelche Vorbereitung jedenfalls wünschenswert ist. So ist mir ein Fröbel-Kursus sehr dienlich gewesen, und ich würde einen solchen sowie Einführung in die ganz andere Welt, in der diese Kinder aufwachsen, Belehrungen und Besprechungen über Fragen der Behandlung und Erziehung dieser Kinder immer förderlich finden.[68]

Auch Edith Geheeb nahm deshalb seit ca. 1902 an einigen Aus- und Fortbildungskursen des Pestalozzi-Fröbel-Hauses und an denen der Mädchen- und Frauengruppen teil. Leider kann ihr beruflicher Werdegang in dieser Zeit anhand der vorhandenen Quellen nicht exakt rekonstruiert werden, da für eine Chronologie nur Edith Geheebs eigene Erin-

62 AEdH, Interview mit Edith Geheeb durch Dr. Otto Kopp, Luzern 1970, S. 4.
63 Ebda. S. 4.
64 Ebda. S. 4.
65 Alice Salomon an Paul Geheeb, 29.02.1908, zitiert in: Näf: Paul Geheeb, 1998, S. 372.
66 AEdH, Interview mit Edith Geheeb durch Dr. Otto Kopp, Luzern 1970, S. 4.
67 Ebda. S. 4.
68 Zitiert in: Mädchen- und Frauen-Gruppen für soziale Hilfsarbeit zu Berlin (Hg.): Jahresbericht und Programm 1904/1905, S. 9.

nerungen zugrunde gelegt werden können, welche sich zum Teil widersprechen[69]. Ob Edith Geheeb ihre theoretische Ausbildung vor der praktischen begonnen hat, lässt sich deshalb nicht genau feststellen, wohl aber, dass sie zeitlich unmittelbar nacheinander begonnen wurden und sich von da an ergänzten. Und auch wenn sich nicht belegen lässt, an welchen Kursen sie konkret teilgenommen hat, kann man aus den Programmen der „Mädchen- und Frauengruppen" schließen, mit welchen Inhalten sie im Pestalozzi-Fröbel-Haus sehr wahrscheinlich in Berührung gekommen ist.

Das Pestalozzi-Fröbel-Haus geht ursprünglich auf einen 1874 von Henriette Schrader-Breymann gegründeten Verein für Familie und Volkserziehung zurück, der Träger eines schon bestehenden Volkskindergartens wurde und dem sehr schnell ein Ausbildungsprogramm für Kindergärtnerinnen angeschlossen wurde. Seit 1881 war diese Institution in der Steinmetzstraße in Berlin-Schöneberg untergebracht und vergrößerte sich von da an rasch. 1885 übersiedelte auch die Kochschule Hedwig Heyls in diese Gebäude, und schon 1890

> umfaßten die Einrichtungen des Pestalozzi-Fröbel-Hauses einen Volkskindergarten für 150 Kinder im Alter von zwei bis fünf Jahren, eine Arbeitsschule, ein zweijähriges Seminar für Kindergärtnerinnen, kürzere Kurse für Kindermädchen und Erzieherinnen, eine Koch- und Haushaltungsschule, Schulspeisungen für Kinder von arbeitenden Müttern und mehrere andere angegliederte Projekte.[70]

Schließlich wurden auch die schon erwähnten „Mädchen- und Frauengruppen" im PFH untergebracht und auch der Kontakt zu den Einrichtungen Anna von Gierkes war sehr eng, nicht nur durch die Absendung von Helferinnen, sondern vor allem, weil alle diese bedeutenden Frauen die gleichen Beweggründe hatten und gemeinsam auf ein zweifaches Ziel hinarbeiteten:

> Praktische Arbeit und theoretische Unterweisung der Mitglieder sollte den Bedürftigen zu Gute kommen, sollte der Milderung sozialer Not dienen, und die Beschäftigung mit der sozialen Arbeit sollte die Frauen der besitzenden

69 Etwa in dem Interview mit Otto Kopp äußerte sich Edith Geheeb dahingehend, dass sie zunächst die theoretischen Kurse besuchte. Vgl. AEdH, Interview mit Edith Geheeb durch Dr. Otto Kopp, Luzern 1970. Im Gespräch mit Walter Schäfer gibt sie jedoch an, zunächst in einem Kindergarten gearbeitet zu haben. Vgl. AOSO, Interview mit Paul Geheeb, Edith Geheeb und Lisbeth Hartig durch Walter Schäfer, 1958.

70 Taylor Allen: Feminismus und Mütterlichkeit, 2000, S. 165.

Kreise zu einer ernsteren und tieferen Auffassung des Lebens und seines Inhalts führen.[71]

Die Kurse, welche im Pestalozzi-Fröbel-Haus angeboten wurden, um die praktischen Tätigkeiten der Frauen auf eine fundierte und systematische Basis zu stellen, umfassten dementsprechend die Ausbildung zur Kindergärtnerin, Hortnerin oder Kinderpflegerin, Koch- und Haushaltungsunterricht, Krankenpflege sowie Themen, die die öffentliche Wohlfahrt und Armenpflege betrafen.

Edith Geheeb hatte nach eigenen Angaben eine Ausbildung zur Kindergärtnerin am Pestalozzi-Fröbel-Haus begonnen. Das Programm für den pädagogischen Kursus im Jahre 1901/02, der als Einführung und Vorbereitung gedacht war, gibt als Hauptthemen „die Fröbelschen Beschäftigungen in ihrer Anwendung", „die Erziehungsmethode des Pestalozzi-Fröbel-Hauses" und „Pestalozzi's und Fröbel's Leben und Lehre" an[72]. Damit ist klar, dass Edith Geheeb mit Erziehungsvorstellungen konfrontiert wurde, die die Intimität der Familie betonten und als ganzheitliches Konzept darauf ausgerichtet waren, neben dem bewahrenden Charakter der Anstalten eine Umgebung zu schaffen, welche dem Kind ermöglichte, „von früh an seinen Kräften gemäß mit an der Bildung dieser Verhältnisse [zu schaffen]"[73] und welche somit ein Lernen in Selbstaktivität förderte. Elemente der Erziehungsvorstellungen Pestalozzis und der Fröbelschen Kindergartenkonzeption waren im PFH in undogmatischer Weise kombiniert und kritisch rekonstruiert worden[74]. Den zentralen Aspekt stellte dabei das Misstrauen gegenüber jeglichen autoritären und schematischen Strukturen dar sowie die damit verbundene Hervorhebung von situativen und kontextabhängigen Beurteilungen.

Konkret finden sich unter anderem Lehrinhalte wie „Die Erziehung des Körpers: Reinlichkeit, Ernährung, Kleidung, Bewegung." oder „Die Erziehung des Intellekts, der Sinne und die sittliche Bildung: 1. Schular-

---

71 Mädchen- und Frauen-Gruppen für soziale Hilfsarbeit zu Berlin (Hg.): Denkschrift, 1903, S. 9.

72 Mädchen- und Frauen-Gruppen für soziale Hilfsarbeit zu Berlin (Hg.): Jahresbericht und Programm 1901/02, S. 23.

73 Schrader-Breymann zitiert nach: AG „Geschichte des Pestalozzi-Fröbel-Hauses" (Hg.): Das Pestalozzi-Fröbel-Haus, 1991, S. 4.

74 Der systematische Gebrauch der Fröbelschen Spielgaben und Beschäftigungsmittel wurde beispielsweise als zu rigide und „am Kind vorbei" abgelehnt, auch wenn diese durchaus ihren Einsatz fanden. Zum Fröbel- und Pestalozzi-Verständnis von Henriette Schrader-Breymann siehe unter anderem Heiland: Henriette Schrader-Breymann, 1999.

beiten, Handarbeiten, Handfertigkeit. 2. Haus- und Gartenarbeit. 3. Spiel. 4. Lektüre, Erzählen, Musik, Betrachten von Bildern."[75].

Edith Geheeb setzte sich also neben ihrer praktischen Tätigkeit sowohl mit den fundamentalen Fragen der Entwicklung und Erziehung von Kindern, als auch mit einer angemessenen methodischen Umsetzung auseinander und wird dadurch schon in frühen Jahren zu einer eigenen pädagogischen Grundeinstellung gefunden haben, auch wenn sie ihre Ausbildung letztlich nicht abschließen konnte, denn „wie es dann zum Examen kam, oder früher – sind meine Eltern nach Italien gefahren und da musste ich natürlich mitfahren"[76].

Doch auch darüber hinaus nahm sie das Kursangebot des Pestalozzi-Fröbel-Hauses und der „Mädchen- und Frauengruppen" wahr, auch wenn nicht zu belegen ist, in welchem Umfang sie teilnahm. Es wurden jedenfalls unter anderem Vortragskurse über praktische Armenpflege, sozialpolitische Fragen, soziale Lektüre, Volkshygiene und familienrechtliche Grundlagen angeboten[77] und seit 1903 gab es auf „mehrfach geäußerten Wunsch" auch einen volkswirtschaftlichen Kursus von Dr. Alice Salomon, in dem von Familienwirtschaft über wirtschaftliche Aspekte von Staat und Gemeinden bis hin zu modernen Unternehmungsformen basale Kenntnisse vermittelt wurden, und der forderte, „dass die Damen sich zur Mitarbeit (Uebernahme von Referaten, häuslicher Lektüre, Teilnahme an den Besprechungen) verpflichten"[78]. Auch darüber hinaus bot das PFH zahlreiche Besichtigungsmöglichkeiten von zeitgenössischen sozialen Einrichtungen an.

In einem dieser Kurse lernte Edith Geheeb Eva Solmitz kennen, jene gute Freundin, die später ihren Bruder Kurt heiratete und ihr nicht nur deshalb Zeit ihres Lebens verbunden bleiben sollte. Die beiden Frauen vereinten die an sie gestellten Ansprüche als höhere Töchter und der Wunsch, sich selbst zu bilden, sich der Welt zu öffnen und praktisch tätig zu werden. In der Folge unterstützten sie sich gegenseitig in den permanenten Auseinandersetzungen mit den Eltern, denn jeder Schritt in Richtung Unabhängigkeit war mit Diskussionen und Hartnäckigkeit verbunden. Beide führten – wie andere ihrer Freundinnen auch – lange Zeit ein Doppelleben: Die Verpflichtungen als höhere Tochter auf der einen

75 Mädchen- und Frauen-Gruppen für soziale Hilfsarbeit zu Berlin (Hg.): Jahresbericht und Programm 1905/06, S. 18.

76 AEdH, Interview mit Edith Geheeb durch Dr. Otto Kopp, Luzern 1970, S. 3.

77 Vgl. Mädchen- und Frauen-Gruppen für soziale Hilfsarbeit zu Berlin (Hg.): Januar=Programm 1904.

78 Mädchen- und Frauen-Gruppen für soziale Hilfsarbeit zu Berlin (Hg.): März=Programm 1903.

Seite, Vertiefung und Ausweitung ihrer Ausbildung andererseits. Anhand ihres Briefwechsels aus diesen frühen Jahren wird erkennbar, wie breit sie sich fortzubilden suchten, ist doch sowohl vom Versicherungswesen, „Wirtschaftsgeschichte im Zusammenhang mit politischer Geschichte“, von Physikstunden und Unterricht in Kunstgeschichte die Rede[79]. Edith Geheeb studierte ab 1906 sogar zwei Semester bei Professor Sombart, jenem Volkswirtschaftler und Soziologen, dem als „Marxist“ zunächst lange Zeit Berufungen an diverse Universitäten versagt blieben, und der auch in Berlin zunächst nur an der neuen Handelsschule lesen durfte, zu der auch Edith Geheeb ohne Abitur Zugang hatte[80].

Sehr prägend waren für sie auch die Erfahrungen, die sie im Zusammenhang mit einem großen Frauenkongress sammelte, bei dem es sich sehr wahrscheinlich um den 2. Internationalen Frauenkongress vom 12. bis 18. Juni 1904 in Berlin gehandelt hat[81], der alle fünf Jahre vom International Council of Women ausgerichtet wurde. Alice Salomons eigener Beitrag an diesem Kongress war – neben allgemeinen organisatorischen Vorarbeiten – „die Organisation einer Jugendveranstaltung für Mädchen und junge Frauen in der Berliner Philharmonie, in der die ‚Stars‘ der Bewegung über die neuen Möglichkeiten und Aufgaben für Frauen sprechen sollten“[82]. Für die Vorbereitungen dieses Zusammentreffens, das mit 5.000 Besuchern ein großer Erfolg wurde, spannte sie viele ihrer Schülerinnen und Mitarbeiterinnen ein, unter ihnen auch Edith Geheeb, die durch diverse Botengänge und ähnliche Aufgaben „mit allen möglichen Kreisen in Verbindung gekommen“[83] ist. Auch durch die anschließende Teilnahme am Kongress, an dem „sehr bekannte Frauenrechtlerinnen aus allen Ländern und aus Deutschland [...] auch sehr wesentliche Menschen“[84] teilnahmen, wurde sie mit vielen ihr bis dahin unbekannten sozialen Problemen und politischen Fragestellungen konfrontiert: „Und da kamen also alle möglichen Dinge zur Sprache, von denen ich keine Ahnung hatte, über Prostitution und über ich weiss nicht alles, und mich

79 Vgl. Näf: Paul Geheeb, 1998, S. 374.

80 Vgl. Killy;Viehaus (Hg.): Deutsche Biographische Enzyklopädie, 1998, S. 367f.

81 Sie selbst datiert diesen Kongress auf „ich glaube 1902“, allerdings wird aus ihren Beschreibungen und dem Jahresbericht der „Mädchen- und Frauengruppen für soziale Hilfsarbeit“ deutlich, dass es sich nur um diese bedeutende Tagung der Frauenbewegung gehandelt haben kann.

82 Kuhlmann: Alice Salomon, 2000, S. 101. Eine Übersicht über die Liste der Referentinnen, die viele namhafte Protagonistinnen der Frauenbewegung enthält, findet sich in: Mädchen- und Frauengruppen für Soziale Hilfsarbeit (Hg.): Jahresbericht und Programm 1904/1905, S. 12.

83 AEdH, Interview mit Edith Geheeb durch Dr. Otto Kopp, Luzern 1970, S 4.

84 Ebda., S. 5.

hat das furchtbar interessiert und aufgeregt usw."[85]. Aufgrund dessen hätte sie erkannt, dass sie dringend Nationalökonomie betreiben müsse, und Alice Salomon erklärte sich auf ihre Anfrage bereit, sie zu unterrichten, wenn sie noch ein paar andere, ebenfalls interessierte Mädchen fände. So lasen Edith Geheeb, Eva Solmitz und andere „zweimal in der Woche bei ihr Nationalökonomie und z.B. auch Marx"[86].

1908 nahm Edith Geheeb auch an dem „Internationalen Kongress für Kinderforschung und Jugendfürsorge" teil, der von Johannes Trüper – jenem Pädagogen, der mit der Gründung seines Erziehungsheimes Sophienhöhe quasi den Grundstein für die Heilpädagogik gelegt hatte – mitorganisiert worden war und der mit 700 internationalen Teilnehmern für breite Aufmerksamkeit sorgte:

> Es gab kaum ein Problem des gestörten und des gesund entwickelten Kindes, das hier nicht zur Sprache gekommen wäre. Neben Pädagogen sprachen auch Ärzte, vor allem der neu entstandenen Kinderheilkunde, es sprachen Hygieniker über die Hygiene des Schullebens und der kindlichen Entwicklung im Elternhaus und ebenso Volkswissenschaftler über das Verhältnis von Schule und Staat.[87]

Es wird also deutlich, dass Edith Geheeb – sofern ihr neben ihren gesellschaftlichen Verpflichtungen genügend Zeit blieb – jede sich ihr darbietende Möglichkeit, sich weiterzubilden und ihrem Leben mehr Tiefe und Erfülltheit zu geben, angenommen hat. Dabei kam sie mit reformpädagogischen Erziehungsvorstellungen in Berührung, welche erstmals die Bedürfnisse des Kindes in den Mittelpunkt stellten und eine Lernumgebung schafften, in der alltagsnah und ungezwungen gelebt und gewirkt wurde. Zudem nahm sie auch die Gelegenheiten wahr, sich theoretisch und fachlich weiterzubilden, sowohl im Hinblick auf die Pädagogik als auch auf darüber hinausgehende Themenbereiche und (kultur-)kritisches Gedankengut. Die durch die Konfrontation mit bedeutenden Persönlichkeiten der Frauenbewegung aufgeworfenen Fragestellungen und Probleme werden sie in ihrem Wunsch nach mehr Autonomie noch zusätzlich unterstützt haben, auch wenn sich nicht konkret nachvollziehen lässt, in welchem Maße Edith Geheeb eine solche Emanzipation und Berufstätigkeit für ihr damaliges eigenes Leben als realisierbar angesehen hat: Nach wie vor musste sie ihre beruflichen Bestrebungen ihren Eltern gegenüber verteidigen, da diese ihre Ernsthaftigkeit nicht anerkannten. Man kann sich ausmalen, dass die Verzweiflung Edith Geheebs auf-

85 Ebda., S. 5.

86 Ebda., S. 5. Allerdings gibt es auch Hinweise darauf, dass Edith Geheeb schon seit dem Winter 1903 Nationalökonomie betrieben hat, vgl. Näf: Paul Geheeb, 1998, S. 373.

87 Trüper;Trüper: Ursprünge der Heilpädagogik in Deutschland, 1978, S. 46.

grund dessen zunahm und parallel dazu die Sehnsucht nach einem anderen, ‚alternativen' Leben: „Ich fand mich aber in Berlin nicht zurecht, ich brauchte die Natur. Und dann war ich so allmählich 21, 22 geworden und sehnte mich immer weg"[88]. Auch der Druck zu heiraten nahm unterschwellig stetig zu:

> Ihr werdet's nicht glauben, aber ich hatte immer Männer um mich, und das war was schreckliches. Immer wollte mich ein Mann heiraten, und immer hatte ich gar kein Interesse daran, ich wollte doch arbeiten und ich wollte doch vom Leben was erfahren, ich wollte doch nicht heiraten und auch nicht mal befreundet sein.[89]

Eine verlockende Aussicht dem zu entkommen bot sich, als ihr Eva Solmitz-Cassirer Prospekte der Freien Schulgemeinde Wickersdorf brachte und einen „gütigen, persönlichen Brief von Herrn Geheeb"[90], der 1905 eine Anfrage bezüglich Eva Solmitz' Bruder beantwortet hatte.

2.3 Die Freie Schulgemeinde Wickersdorf und die Begegnung mit Paul Geheeb

Die Freie Schulgemeinde Wickersdorf in Sachsen-Meiningen war 1906 von Paul Geheeb und Gustav Wyneken gegründet worden, nachdem die beiden wegen unlösbarer Meinungsverschiedenheiten[91] mit Hermann Lietz und von ihm abweichenden Erziehungsvorstellungen ihre Mitarbeit in dessen Landerziehungsheimen aufgegeben hatten. Nach einigen Streitigkeiten um die Konzession Wynekens, dessen Religionsauffassung und prinzipielles moralisches Verständnis für Zweifel an seiner Erziehungsberechtigung gesorgt hatten, wurde Paul Geheeb offiziell zum Leiter, Gustav Wyneken zum Mitleiter von Wickersdorf ernannt. Die Schule lag in 600 Metern Höhe isoliert im Gebirge verborgen, man er-

88 AOSO, Interview mit Paul Geheeb, Edith Geheeb und Lisbeth Hartig durch Walter Schäfer, 1958, S. 64.

89 AEdH, Interview mit Edith Geheeb durch Dr. Otto Kopp, Luzern 1970, S. 8.

90 Cassirer, Eva: Ein Anfang, 1930, S. 90.

91 Im Laufe der jahrelangen Zusammenarbeit mit Lietz war deutlich geworden, dass Geheeb und Wyneken dessen Erziehungspraxis als zu national geprägt empfanden und zudem die individuellen Bedürfnisse der Kinder nicht befriedigt sahen bzw. mehr Freiraum für ihre Zöglinge forderten. Über eine Ausweitung der Lehrinhalte (etwa vermehrter Fremdsprachenunterricht) und das Problem der Koedukation war man ebenso verschiedener Meinung, wie es auch Differenzen hinsichtlich des Austritts Wynekens aus der Landeskirche und antisemitischer Tendenzen Lietz' gab. Auch finanzielle Streitigkeiten und eine allmähliche Übertragung der Probleme in die persönlichen Beziehungen führten schließlich zum endgültigen Bruch mit Lietz. Zur Problematik dieses Konflikts sowie zur Entwicklung der Lietzschen Landerziehungsheime überhaupt siehe u.a. Koerrenz: Hermann Lietz, 1989; Kupffer: Gustav Wyneken, 1970; Näf: Paul Geheeb, 1998.

hoffte sich von der kargen „kosmischen Landschaft“ die Möglichkeit das „Geistig Höhere“ zu erfahren[92].

Die Schule orientierte sich zunächst an dem Lehrplan der preußischen Oberrealschule, um einen starken Realitäts- und Gegenwartsbezug zu gewährleisten, und bot zusätzlich fakultativen Unterricht in alten Sprachen an sowie Grundlagen in Philosophie, Kunstgeschichte und Nationalökonomie. Man war bestrebt, zunehmend einen eigenen Lehrplan zu entwickeln und vor allem eine eigene Methodik, die die Selbstständigkeit der Schüler erhöhen und sie in die Lage versetzen sollte, sich selbst zu unterrichten[93].

Neben dem eigentlichen Unterricht wurde Wert gelegt auf die Pflege und hygienische Ausbildung des Körpers zu „Schönheit, Gewandtheit und Kraft“[94], was unter anderem durch morgendliches Turnen, täglichen Dauerlauf und zahlreiche spielerisch-sportliche Aktivitäten wie etwa Wandern, Skilaufen, Radtouren etc. gewährleistet werden sollte. Darüber hinaus gab es die Möglichkeit, in Werkstätten und Garten zu arbeiten. Abends gab es so genannte ‚Abendsprachen‘, sowie das Angebot, Musik und Theater zu machen bzw. als Zuschauer zu genießen.

Im Gegensatz zu Lietz führten Geheeb und Wyneken auch die Koedukation ein, wobei die Mädchen jedoch „in den Anfangszeiten der Schule bis in die zwanziger Jahre [...] nie mehr als ein Viertel der gesamten Schülerschaft aus[machten]“[95]. Auch darüber hinaus sah vor allem Wyneken die Position der Mädchen als zweitrangig an, profitierten sie seiner Meinung nach doch bereits durch ihre bloße Anwesenheit von einer Welt, die ihnen normalerweise verschlossen blieb. Zudem bargen sie angeblich die Gefahr, dass sie die Jungen durch ihre Anwesenheit ablenkten und in ihrer Entwicklung behinderten[96].

Alle Mitglieder der Freien Schulgemeinde Wickersdorf waren, wie auch schon unter Geheeb in Haubinda[97], in so genannten Kameradschaften zusammengefasst, die einen ‚Führer‘ als nahe stehenden Ansprechpartner erwählten und Mahlzeiten gemeinsam einnahmen sowie auch an einem Abend in der Woche gesondert beisammen saßen. Auch darüber

---

92 Maasen: Pädagogischer Eros, 1995, S. 52.

93 Nicht nur in diesem Punkt zeigte sich die Nähe Wynekens zur Jugendbewegung, welche den Standpunkt vertrat, die Jugend müsse sich durch sich selbst erziehen. Allerdings machte gerade Wyneken die Einschränkung, dass die Jugend dabei der Anleitung durch ältere, geistig reifere Personen bedürfe. Vgl. hierzu vor allem Kupffer: Gustav Wyneken, 1970.

94 Geheeb; Wyneken: Programm der Freien Schulgemeinde Wickersdorf (1906), 2001, S. 99.

95 Maasen: Pädagogischer Eros, 1995, S. 58.

96 Vgl. Ebda. S. 58f.

97 Vgl. hierzu u.a. Näf: Paul Geheeb, 1998, Kapitel 2.

hinaus wollte die Schule das gute Verhältnis zwischen Lehrenden und Lernenden stärken und – auch im Hinblick auf das zukünftige Leben in der Gesellschaft – zur verantwortungsbewussten Gemeinschaft erziehen:

> Wir suchen jeden Schüler zum Gefühl seiner Verantwortlichkeit für das Ganze zu erziehen, indem wir ihn an den Ordnungen des Ganzen mitarbeiten lassen. In weitgehender Weise ziehen wir die Schüler zur Gesetzgebung und Beratung unserer Lebensverfassung heran, und zwar geschah dies bisher stets mit dem Erfolg, daß sich die Gesamtheit für das Vernünftige und Gute entschieden hat, auch wenn es unbequem war.[98]

Ort der Gesetzgebung und Beratung der Lebensverfassung war die Schulgemeinde, die als Konferenz drei bis vier mal im Jahr stattfand und bei gleichem Stimmrecht für alle Beteiligten den vom Schulleiter festgesetzten Tagesplan diskutierte, freie Meinungsäußerung gewährte und von allen gefasste Beschlüsse für alle bindend machte. Sie war damit der Grundstein des Erziehungskonzeptes. Neben der Zusammenkunft in der Schulgemeinde gruppierten sich die verschiedenen Interessengruppen in Schülerausschuss, Lehrerkolloqium, der Elternschaft, den genannten Kameradschaften und im verwaltenden Aufsichtsrat.

Dieses gemeinschaftliche Leben, die Gleichberechtigung, die vielen zusammenwirkenden Unterrichtsinhalte und die darüber hinausgehenden Angebote, wie auch nicht zuletzt die Naturverbundenheit sprachen auch Edith Geheeb in den Prospekten der Freien Schulgemeinde an. Sie und ihre Freundin Eva Solmitz „sprachen viel darüber und dachten voll Neid an die glücklichen Kinder, denen es geschenkt war, so aufwachsen zu dürfen“[99]. Sie träumten von einem „so heiteren, arbeitsreichen Leben auf dem Lande zusammen mit gleichgesinnten Menschen“[100]. Edith Geheeb setzte deshalb ein Schreiben mit der Bitte um ein Praktikum an die Direktion von Wickersdorf auf, welches sie zunächst Alice Salomon zeigte. Diese reagierte entsetzt: „Um Gottes Willen Edith, da kannst Du doch nicht hingehen, was stellst Du Dir denn vor. [...] Es sind merkwürdige Menschen und es sind merkwürdige Verhältnisse.“[101] Da sie den Schulversuch als solchen jedoch durchaus schätzte[102], und Edith Geheeb auch hier energisch deutlich machte, wie ernst es ihr war, setzte Alice Salo-

---

98 Geheeb; Wyneken: Programm der Freien Schulgemeinde Wickersdorf (1906), 2001, S. 100.

99 Cassirer, Eva: Ein Anfang, 1930, S. 90.

100 Ebda. S. 90.

101 AEdH, Interview mit Edith Geheeb durch Dr. Otto Kopp, Luzern 1970, S. 6.

102 Alice Salomon kannte Paul Geheeb bereits seit ca. 1897, als sie beide im Zuge der Beschäftigung mit der Frauenfrage in Berlin aufeinander trafen und von da an in Kontakt blieben. Vgl. Näf: Paul Geheeb, 1998, S. 176.

mon schließlich ein Begleitschreiben auf, in dem sie Paul Geheeb gegenüber Edith Geheebs Fähigkeiten und Entschlossenheit betonte und sich – auch in dem Anliegen, ihr zu bestmöglichen Entwicklungsbedingungen zu verhelfen – sehr für sie einsetzte: „Sie retten so viele Kinderseelen, helfen Sie mir, dieses Seelchen eines grossen Menschen davor zu retten, dass es zerrieben ist!“[103] Auf Geheebs Absage, er hätte gerade eine Dame für die einzige in Frage kommende Position eingestellt, nämlich die einer zweiten Hausdame, die sich im Gegensatz zu der ersten Hausdame weniger um wirtschaftliche Belange als vielmehr um pädagogische kümmern sollte, folgte zwei Wochen später ein Telegramm, sie könne sofort eintreten. Der darauf folgende Kampf um die Erlaubnis der Eltern dauerte einige Tage, bis der Vater – nachdem er sie enterben wollte – schließlich provisorisch unter der Bedingung, zustimmte, sich die Institution erst einmal ansehen zu wollen. Der eintägige Besuch in Wickersdorf rührte ihn merkwürdig an[104], hatte letztlich jedoch seine Zustimmung zur Folge, sodass Edith Geheeb Anfang März 1908 in Wickersdorf für ein halbes Jahr als zweite Hausdame anfing und dabei zunächst noch Tätigkeiten mit sehr bürgerlichem Charakter nachging:

> Sie [die zweite Hausdame, J.B.] sollte also mit den Kindern in der Freizeit zusammensein, sie sollte auf Ordnung und Sauberkeit halten, sie sollte das sein, was eigentlich eine Mutter im Hause wäre, denn ihm läge doch alles daran, dass die weibliche Führung viel, viel stärker betont wäre wie die, die bisher in den Landerziehungsheimen üblich war.[105]

Edith Geheeb beaufsichtigte vor allem die kleineren Kinder in ihrem Alltag[106], sorgte dafür, dass sie ihre Freiheit sinnvoll nutzten bzw. ihren Aufgaben angemessen nachkamen, und verrichtete kleinere haushaltliche Tätigkeiten[107]. Nach kurzer Zeit übernahm sie auch die Krankenpflege und ambulante medizinische Versorgung der Kinder[108]. Wickersdorf

103 Alice Salomon an Paul Geheeb, 29.02.1908, zitiert in: Näf: Paul Geheeb, 1998, S. 376.

104 Auch wenn Max Cassirer ein durchaus aufgeschlossener Mann war, traf er in Wickersdorf doch auf einen sehr alternativen Lebensstil, der stark von seinem eigenen abwich.

105 AEdH, Interview mit Edith Geheeb durch Dr. Otto Kopp, Luzern 1970, S. 6.

106 Da die Freie Schulgemeinde Wickersdorf Schülerinnen und Schüler erst beginnend mit der Quinta aufnahm, handelte es sich also um Kinder ab der vierten Grundschulklasse.

107 Vgl. Edith Geheebs damaligen Tagesplan, abgedruckt in: Cassirer, Eva: Ein Anfang, 1930, S. 91.

108 Da Paul Geheeb Edith Geheeb zur Verrichtung dieser Tätigkeiten in dem Zimmer neben dem seinen einquartieren musste, kann man annehmen, dass er ihr die Krankenpflege übertrug, um in ihrer Nähe sein zu können. Vgl. AEdH, Interview mit Edith Geheeb durch Dr. Otto Kopp, Luzern 1970, S. 9.

besuchten zu diesem Zeitpunkt etwa 65 Schüler, darunter 9 Mädchen, gegenüber 14 Lehrern[109].

Paul Geheeb schien sich von Anfang an zu der 15 Jahre jüngeren Edith Geheeb, die zudem stets behauptete nichts zu können und nichts zu wissen, hingezogen gefühlt zu haben. Bereits Ende Mai gestand er Alice Salomon, die zu einem kurzen Besuch in Thüringen war, seine Gefühle für Edith Geheeb und seinen Wunsch sie zu heiraten. Alice Salomon jedoch standen die Motive, welche Edith Geheeb nach Wickersdorf geführt hatten, noch klar vor Augen und sie machte Geheeb deshalb eindringlich deutlich, dass ein Werben seinerseits die gerade erworbene (relative) Unabhängigkeit vom Elternhaus in Frage stellen und den Orientierungsprozess der 22jährigen stören würde: „Und dann weiss sie wieder nicht, wo sie leben und arbeiten soll“[110].

Dennoch erzählte Paul Geheeb Edith Geheeb während der Pfingstwanderung stundenlang von seinen Gefühlen zu ihr, von seinem Leben und seinen Träumen. Am 26. Juni 1908, kurz vor den Sommerferien, die Edith Geheeb in Berlin verbrachte, verlobten sich die beiden heimlich. Lange Zeit wussten nur wenige eingeweihte Personen von der jungen Beziehung, da Paul Geheeb zu diesem Zeitpunkt noch verheiratet war und eine erneute Verlobung seinen Scheidungsprozess womöglich ins Stocken gebracht hätte[111]. Auch die Familie Cassirer wollte man vorerst nicht mit einer solchen, nicht „standesgemäßen“ Entscheidung beunruhigen.

Exkurs: Biographische Skizzen Paul Geheebs

Der 1870 in Geisa geborene Paul Geheeb konnte bei seiner Begegnung mit Edith Geheeb schon auf ein langes Studium, vielfältige berufliche Erfahrungen und darüber hinausgehende Aktivitäten zurückblicken, die ihm den Weg zur Pädagogik geebnet hatten[112]. Als Kind des Apothekers und Moosforschers Adalbert Geheeb und der vielseitig interessierten Adolfine Geheeb, die ihn schon früh mit der Gedankenwelt Goethes und von Humboldts in Berührung gebracht hatte, besuchte er zunächst die

109 Vgl. „Erster Jahresbericht der Freien Schulgemeinde Wickersdorf. 1. Sept. 1906 bis 1. März 1908“, Jena 1908, zitiert in Näf: Paul Geheeb, 1998, S. 309.

110 AEdH, Interview mit Edith Geheeb durch Dr. Otto Kopp, Luzern 1970, S. 9.

111 Die Ehe mit der Sängerin Helene Merck, die Paul Geheeb eher aus Mitleid und aufgrund ihres Drängens einging, währte nicht lange. Nach der Hochzeit 1906 folgte schon 1907 die Trennung. Vgl. Näf: Paul Geheeb, 1998, Kapitel 2.2.2.

112 Zur Biografie Paul Geheebs siehe: Ausgewählte Abschnitte aus der Biographie, in: Schäfer: Paul Geheeb, 1970; Cassirer, Eva: Paul Geheeb, ca. 1953, sowie die sehr detaillierte und umfassende Darstellung bei Näf: Paul Geheeb, 1998.

örtliche Grundschule und darauf aufbauend das humanistische Gymnasium in Fulda. Nach einer einjährigen Militärausbildung begann er sein zwanzig Semester währendes Studium vor allem der Theologie und Religionsphilosophie in Berlin und Jena, das 1893 mit dem theologischen Examen vorerst endete. Neben dem Studium widmete er einen Großteil seiner Zeit vielfältigen sozialen Projekten, engagierte sich beispielsweise sehr in der Antialkoholbewegung, war maßgeblich an der erstarkenden Frauenbewegung beteiligt und knüpfte Kontakte zur Sozialdemokratie. Die nach dem Abschluss des Studiums ursprünglich geplante Predigerlaufbahn verwarf er jedoch wieder, nicht zuletzt, weil er mit seinen zu „freisinnigen“[113] Predigten nach Meinung der kirchlichen Obrigkeit nicht hätte angestellt werden können. Stattdessen verlagerte sich sein Interesse zunehmend auf die Pädagogik, er arbeitete unter anderem als Lehrer in der Trüperschen Erziehungsanstalt auf der Sophienhöhe (1893-1894) und betreute Kinder in der dem Sanatorium Carl Gmelins angegliederten koedukativen Erziehungsanstalt in Wyk auf Föhr (1899-1900). Zwischendurch bildete er sich auch theoretisch weiter, besuchte also weiterhin Seminare an der Berliner Universität, unter anderem in Pädagogik, Philosophie und Hebräisch, setzte sich aber auch mit naturwissenschaftlichen Themen wie Pflanzenphysiologie, Medizin und Psychiatrie auseinander. 1902 begann Paul Geheeb schließlich als Mitarbeiter in Haubinda, dem zweiten Landerziehungsheim von Hermann Lietz, mit welchem er bereits seit seiner Studienzeit befreundet war. Nachdem Lietz mit der Gründung des weiteren Erziehungsheimes Bieberstein Geheeb die Leitung Haubindas übertragen hatte, traten zunehmend Differenzen[114] zwischen den beiden auf, die letztlich zu der Trennung von ihm führten und in die schon erwähnten Gründung der Freien Schulgemeinde Wickersdorf durch Geheeb und Wyneken mündeten. Aber auch die Zusammenarbeit zwischen Geheeb und Wyneken gestaltete sich nach einer guten Anfangsphase zunehmend schwieriger und war zum Zeitpunkt des Eintretens von Edith Geheeb in Wickersdorf schon in einen offenen und die Gemeinde spaltenden Konflikt ‚entartet‘: „Das Schrecklichste für mich war, dass als allererstes junge Lehrer zu mir kamen und sagten: ‚Sind Sie Partei Geheeb oder Partei Wyneken?‘“[115] Die Gründe dieses Konflikts waren wie bei der Auseinandersetzung mit Lietz auf mehreren Ebenen angesiedelt, lagen zum einen im pädagogischen Bereich, zum anderen in der problematischen Konstellation des

113 Vgl. Näf: Paul Geheeb, 1998, S. 136f.
114 Vgl. Anmerkung 91.
115 AEdH, Interview mit Edith Geheeb durch Dr. Otto Kopp, Luzern 1970, S. 8.

Doppeldirektorats und der damit verbundenen Arbeitsteilung, aber auch nicht zuletzt in dem Zusammentreffen zweier sehr unterschiedlicher Charaktere[116]. Mit den wachsenden Spannungen und der zunehmenden Verhärtung der beiden Lager wurde deutlich, dass die Schule in dieser Form nicht weitergeführt werden konnte. Letztlich war es Paul Geheeb, der sich zu einer Kündigung durchrang, aber auch Gustav Wynekens Konzession wurde nicht verlängert, sodass auch er 1910 gezwungen war, Wickersdorf zu verlassen.

Dieser Konflikt mit Wyneken wirkte sich natürlich auch auf die junge Beziehung zwischen Edith und Paul Geheeb aus. Edith Geheeb kritisierte durchaus Geheebs rigide und oft starrsinnige Haltung in Bezug auf Wyneken, stellte jedoch zugleich auch fest:

> Ich habe immer das Gefühl, Dir kann niemand raten, und Dich kann auch niemand richten. Man muss an dich glauben und wissen, dass es Zarteres und Klareres und Besseres nicht gibt als Dein Gewissen.[117]

Doch gerade diese Eigenschaft Geheebs, gegen persönliche Kritik quasi immun zu sein und das eigene Handeln stets auf ein allgemeineres und allumfassenderes Ziel zu beziehen und somit in gewisser Hinsicht unangreifbar zu machen, erschwerte die private Beziehung der beiden von Anfang an. Die Zweifel Edith Geheebs an der Möglichkeit eines gemeinsamen Lebens rührten zu diesem Zeitpunkt jedoch vor allem von der Angst her, dass sie beide aus zu unterschiedlichen Milieus stammten:

> Sie empfindet sich innerlich als zu leer und zu bedürftig, zu unsicher und schwach. Zudem, so schreibt sie immer wieder, so sehr die Welt, in welcher Geheeb lebe, sie anziehe und beglücke, es werde für sie doch immer eine fremde Welt bleiben, eine Welt, in der sie allenfalls Gast sein, in der sie jedoch nie ganz würde leben können.[118]

---

116 Eine Feststellung, was in der Entwicklung dieses Konflikts Ursache und was Folge war, lässt sich nicht exakt treffen. Paul Geheeb, der ursprünglich die Vertretung der Schule nach außen, die gesamte Wirtschaftleitung und die medizinische Versorgung innehatte, schien sich von diesen Pflichten immer mehr zurückzuziehen und in eine eher passive und depressive Grundhaltung zu verfallen. Gleichzeitig wird Wynekens Temperament unter anderem durch Schroffheit und Herrschsucht beschrieben. Meinungsverschiedenheiten über verschiedene Einrichtungen an der Schule endeten in einem erbitterten Streit über grundlegende Werte und Weltanschauungen (zum Beispiel in der Frage, ob Goethe oder Spitteler als maßgeblicher Denker anzusehen war). Wynekens nationale und antisemitische Grundhaltung unterschied sich zudem grundlegend von der Geheebs. Als sich der Streit auch auf die zuständigen Behörden übertrug, war an eine Versöhnung der beiden Kontrahenten schon nicht mehr zu denken. Ausführlichere Darstellungen dieser Differenzen finden sich unter anderem bei Näf: Paul Geheeb, 1998 und Kupffer: Gustav Wyneken, 1970.

117 Edith Geheeb an Paul Geheeb, 03.02.1909, zitiert in: Näf: Paul Geheeb, 1998, S. 379.

118 Näf: Paul Geheeb, 1998, S. 379.

Während der Sommerferien in Berlin und ihrer anschließenden Trennung von Wickersdorf im Oktober des Jahres gelang es Paul Geheeb dennoch mit Beharrlichkeit, sie von ihren gemeinsamen Möglichkeiten zu überzeugen: „Und da hat er gesagt: ich soll doch keine Angst haben er wollte doch keine allgemeine Ehe mit mir machen, sondern eine Edith-Ehe, die soll doch ganz und gar auf Edith aufgebaut sein“[119].

Jedoch galt es auch, die Familie Cassirer zu überzeugen und die Heirat durchzusetzen. Nachdem Paul Geheebs Scheidung von Helene Merck im April 1909 rechtskräftig geworden war, traute sich Edith Geheeb erstmals, ihren Eltern von der bisher heimlich geführten Beziehung zu erzählen. Auch wenn die Cassirers natürlich Bedenken hinsichtlich dieses doch um einiges älteren, vollkommen mittellosen und etwas schwächlichen Mannes hatten – er „war so wahnsinnig still und wirkte auch etwas krank“[120] – und dem Ganzen zunächst sehr ablehnend gegenüber standen, akzeptierten sie letztlich die Entscheidung ihrer Tochter und stimmten, nachdem sie auch anderweitig Erkundigungen über Geheebs Rechtschaffenheit eingezogen hatten[121], zu. Dennoch schwanden ihre prinzipiellen Zweifel nur sehr langsam, sogar am Tag der Hochzeit, am 18.10.1909, war für Max Cassirer ganz klar, „Edith, daß Du bei dem Mann nicht bleibst. Aber wenn Du dann weggehst, dann bitte komm zu uns zurück“[122].

Dennoch und im Hinblick auf das Wohl ihrer Tochter für die Cassirers wohl selbstverständlich unterstützten sie das junge Paar, das zu dieser Zeit über keinerlei Einkommen verfügte. Max Cassirer beglich zunächst die Schulden Paul Geheebs und sicherte ihnen darüber hinaus ein jährliches Einkommen von 10.000 Reichsmark zu[123], wobei allerdings

---

119 AEdH, Interview mit Edith Geheeb durch Dr. Otto Kopp, Luzern 1970, S. 11.

120 Ebda., S. 8.

121 Da sich Max Cassirer nicht bei denjenigen Personen, welche Paul Geheeb als Referenzen angeführt hatte, über ihn erkundigte, sondern bei dem Scheidungsanwalt seiner (Noch-) Frau, Wolfgang Heine, kam es beinahe zu einem Bruch des Brautpaares. Paul Geheeb fühlte sich hintergangen und verleumdet, und auch wenn er sich nach einigen klärenden Gesprächen beruhigte, stellte dieser Vertrauensbruch für ihn eine Zäsur in seiner Beziehung zu den Cassirers dar. Vgl. Näf: Paul Geheeb, 1998, S. 383.

122 AOSO, Interview mit Paul Geheeb, Edith Geheeb und Lisbeth Hartig durch Walter Schäfer, 1958, S. 65.

123 Vgl. Schwitalski: Pädagoginnen an Reformschulen, Dissertation 2001, S. 234. Max Cassirer kam darüber hinaus sogar für den Lebensunterhalt von Geheebs erster Frau Helen Merck auf, vgl. AEdH, Interview mit Edith Geheeb durch Dr. Otto Kopp, Luzern 1970, S. 17.

notariell festgehalten wurde, dass Edith Geheeb, und nicht wie üblich der Ehemann, über dieses Geld verfügen sollte[124].

Auch die gemeinsame Wohnung in Darmstadt, welche Geheebs nach der Hochzeit im November 1909 bezogen, wurde von den Cassirers ausgestattet.

Paul Geheeb hatte sich nämlich nach seinem Weggang aus Wickersdorf intensiv seinen Plänen einer erneuten Schulgründung gewidmet und sowohl in Dresden, als auch in Bayern und Hessen mit den zuständigen Behörden und Verantwortlichen Kontakt aufgenommen. Die Verhandlungen mit der Gartenstadt Hellerau bei Dresden waren jedoch zäh vorangegangen und schließlich neben dem generell zögerlichen Verhalten der dortigen Verantwortlichen daran gescheitert, dass es Paul Geheeb nicht verantworten konnte, die geplante Schule im Geiste des ‚Kunstwartes' Avenarius zu führen und sich somit auf ein Erziehungsprogramm festzulegen, das nicht seinen eigenen Überzeugungen entsprach. Auch der Einsatz seines Freundes Georg Kerschensteiner im bayrischen Ministerium für eine Konzession in Bayern blieb vor allem wegen der starken Ablehnung des Koedukationsprinzips – für Geheeb unverzichtbar – erfolglos. Anders reagierte das Innenministerium des Großherzogtums Darmstadt, das im November 1909 Geheebs Eingabe eines Schulentwurfs positiv beantwortete: „Der Großherzog selbst […] und die Leiter der Schulabteilung, die Ministerialräte Nodnagel und sein Nachfolger Block wurden Freunde und Förderer der Schule und blieben es zeit ihres Lebens"[125].

---

124 Schon an dieser Stelle wird damit wird deutlich, dass das Cassirersche Vermögen eine Grundvoraussetzung für die Gründung und das Fortbestehen der Odenwaldschule bildete, da Paul Geheeb schon in der notwendigen Vorbereitungsphase von der Frage eines finanziellen Einkommens befreit wurde. Zugleich sprach Max Cassirer seiner Tochter Edith dadurch eine Verantwortung zu, die sowohl ihren Lebensstandard sichern sollte, als auch ihrem Streben nach Unabhängigkeit von den an eine bürgerliche Frau gerichteten Konventionen entsprach.

125 Schäfer: Die Odenwaldschule, 1960, S. 8.

3. Die Odenwaldschule

3.1 Gründung und Aufbau

In Darmstadt angekommen intensivierte Paul Geheeb seine Bemühungen um eine konkrete Umsetzung seiner Pläne. Seine junge Frau beachtete er in diesen Tagen jedoch kaum, sondern schloss sich vielmehr in seinem Arbeitszimmer ein, sodass sich diese ersten Ehemonate für sie sehr einsam und verzweifelt gestalteten[126]. Zudem durfte ihre Familie von diesem Verhalten Paul Geheebs ihr gegenüber nichts erfahren, nachdem sie so lange um ihre Vermählung gekämpft hatte. Max Cassirer interessierte sich nämlich zunehmend für die Pläne seines Schwiegersohnes und stand ihm, auch wenn er bis dato kaum mit pädagogischen Fragestellungen in Berührung gekommen war, unterstützend und kritisch fordernd zur Seite[127].

Auf der Suche nach einem geeigneten Ort für ein Landerziehungsheim in Hessen, an der Edith Geheeb teilweise teilnahm, wurde unter anderem auch das Lindenheim im Oberhambachtal begutachtet, das bis dahin als Gasthof gedient hatte: „Da war der Paulus gleich sehr eingenommen dafür"[128]. Auf Bitten Edith Geheebs kam schließlich auch ihr Vater zur Besichtigung vorbei und stimmte dem Projekt zu. Im Januar 1910 erwarb er es für 37.000 Reichsmark.

Im Hinblick auf Edith Geheebs zukünftige Rolle sowohl beim Aufbau der neuen Schule als auch bei deren Erhalt und Weiterentwicklung erscheint es sinnvoll, ihre Aufgaben und Tätigkeiten thematisch zu betrachten, statt wie bisher streng chronologisch vorzugehen. Nur dadurch kann ein dichteres Bild von ihrem Alltag entstehen, auf welchem letztlich die große Bedeutung, die ihr für den Erhalt der Odenwaldschule zukommt, basiert. In diesem Sinne wird im Folgenden das Augenmerk zunächst auf ihre wirtschaftliche und organisatorische Arbeit gerichtet und dann ihre Eigenschaften als Pädagogin untersucht. Auch ihr Auftreten in der Öffentlichkeit bzw. Gästen und Eltern gegenüber soll zur Sprache kommen. Ihre persönliche Entwicklung, also ihre Beziehung zu Paul Geheeb und zu anderen Freunden, ihre geistigen Interessen und psychi-

---

126 Hier deutet sich bereits die Grundstruktur der wiederkehrenden Konflikte in ihrer Ehe an, vgl. Kapitel 3.4.

127 Max Cassirer interessierten vor allem die geschäftlichen Aspekte. Er diskutierte Geheebs Schulpläne mit ihm, rechnete verschiedene Schulmodelle durch und traf sich auch mit Vertretern von in Frage kommenden Projekten. Darüber hinaus setzte er sich natürlich auch zunehmend mit pädagogischen Fragen auseinander. Vgl. Näf: Paul Geheeb, 1998, S. 382.

128 AEdH, Interview mit Edith Geheeb durch Dr. Otto Kopp, Luzern 1970, S. 16.

schen Bedürfnisse führen darüber hinaus zu einem tieferen Verständnis ihres Lebens. Als Quellengrundlage für diese Betrachtungen dienen vor allem die Aussagen Dritter, da zum einen – wie bereits erwähnt – Edith Geheeb in der offiziellen Literatur zum größten Teil unerwähnt bleibt, und sie sich zum anderen auch selbst in den von ihr gegebenen Interviews an die gängige Geschichtsschreibung hielt und demzufolge vor allem das Wirken und die Ideen ihres Mannes in den Mittelpunkt stellte. Hinzu kommt, dass sich bezüglich der Organisation der Odenwaldschule nur wenige aufschlussreiche strukturelle Quellen finden lassen.

Doch zunächst sollen die Odenwaldschule, ihre Erziehungsprinzipien und ihre äußere Entwicklung kurz skizziert werden, um den notwendigen Rahmen für die folgenden Betrachtungen zu schaffen und die Ausgangsbedingungen für Edith Geheebs Wirken zu verdeutlichen. Eine ausführliche und kritische Darstellung muss an dieser Stelle jedoch unterbleiben, damit die vornehmliche Fokussierung auf den Tätigkeitsbereich Edith Geheebs nicht gefährdet wird[129].

In der Odenwaldschule als „Lehr- und Erziehungsanstalt mit den Zielen der Oberrealschule“[130] konnten Paul Geheebs Vorstellungen vom Menschen und seiner Erziehung konsequent umgesetzt werden, ohne dass er – wie bis dahin nötig – Kompromisse eingehen musste. Die Schule war dementsprechend in ihrer Idee[131] vor allem sein Werk und brachte seine Überzeugung zum Ausdruck, dass eine Veränderung der Gesellschaft nur langfristig über die Erziehung und Bildung der Jugend geschehen könne. Das Pindarwort ‚Werde, der du bist‘ fasst dabei gleichsam seine Vorstellung vom Entwicklungsprozess der einzelnen Individuen einer solchen Gesellschaft zusammen: Erst wenn der Einzelne eine Vorstellung von sich selbst und den für ihn verbindlichen Werten und Zielen gefunden hat, kann er diese auch umsetzen. Größtmögliche Freiheit ist dementsprechend nach Geheeb die Grundvoraussetzung für diesen Findungsprozess. Durch die Verwirklichung der individuellen Bedürfnisse und Fähigkeiten wird das einzelne Kind nach Paul Geheeb

129 Für eine solche grundlegende Darstellung siehe unter anderem: Geheeb; Geheeb: Odenwaldschule, [ca. 1928]; Huguenin: Die Odenwaldschule, 1926; Cassirer et al.: Die Idee einer Schule, [ca. 1953]; Schäfer: Die Odenwaldschule 1910-1960, 1960; Kurzweil: Die Odenwaldschule (1910-1934), 1973; Shirley: Politics of progressive education, 1992.

130 AOSO, Paul Geheeb an die Großherzogliche Kreisschulkommission, 07.03.1910.

131 Auch wenn Paul Geheeb natürlich seine eigenen Überzeugungen und Vorstellungen von Erziehung ganz entscheidend in die Odenwaldschule mit einbrachte, sagte er später, dass er zum Zeitpunkt ihrer Gründung noch kein konkretes Programm und noch keine festen Strukturen vor Augen hatte. Diese etablierten sich vielmehr erst durch das gemeinsame Zusammenleben. Vgl. Shirley: Politics of progressive education, 1992, S. 40; sowie: Geheeb, Rede zur Eröffnung (1910), 1960, S. 73ff.

zu einer reifen Persönlichkeit, sodass auch „möglichst früh ein möglichst großes Verantwortungsgefühl entstehe, mit dem sich bei zunehmender Reife ein klares Bewußtsein der Verantwortung für sich selbst, für die Kameraden und für das gesamte Leben der Gemeinschaft verbindet [...]"[132]. Diese Prinzipien fanden ihre Entsprechung in allen organisatorischen Einrichtungen der Schule wie auch in der täglichen Erziehungspraxis: In der Odenwaldschule wurde von Anfang an koedukativ unterrichtet, sie wollte „tagtäglich im Leben die Gleichwertigkeit der Geschlechter [...] beweisen und ihre Gleichberechtigung in den Einrichtungen der menschlichen Gesellschaft zum Ausdruck [...] bringen"[133]. Zudem gab es SchülerInnen verschiedener Nationalität, aus unterschiedlichen Kulturkreisen und auch aller Konfessionen. Sie waren zumeist

> Jugendliche, deren Eltern die Wahl der Schule trafen, häufig intellektuelle oder zumindest am Zeitgeist interessierte und ihm gegenüber aufgeschlossene oder solche, denen die Odenwaldschule nach mehrfach gescheiterten Versuchen in ihrem liberalen Erziehungsstil als letzte Möglichkeit für ihre Kinder erschien.[134]

In der Schulgemeinde, der „Versammlung aller in der Schule lebenden Mitglieder des Heimes"[135], wurden grundsätzliche Fragen und Probleme diskutiert. Dem Prinzip der Gleichheit entsprechend besaßen alle Mitglieder, sowohl die Kameraden als auch die Mitarbeiter[136], das gleiche Stimmrecht, sodass demokratisch und für jeden verbindlich Beschlüsse über die Gestaltung des Schullebens gefasst wurden. Darüber hinaus gab es regelmäßige Mitarbeiterkonferenzen, in denen pädagogische Grundsatzdiskussionen geführt und über Förderungsmöglichkeiten einzelner SchülerInnen nachgedacht wurde. Das im Januar 1913 eingeführte, von Otto Erdmann, Theo Spira und Mario Jona entwickelte Kurssystem erlaubte es den Kameraden, ihre Lerninhalte ihren Interessen und Lernvoraussetzungen entsprechend individuell selbst festzulegen, wodurch eine jegliche Konkurrenzsituation vermieden werden konnte, zudem zusätzlich auch auf Zensuren, Prüfungen und Versetzungen verzichtet wurde. Neben den eigentlichen geistigen Unterrichtsfächern wurden auch Nachmittagskurse in praktischen Fertigkeiten wie etwa Gartenbau, Schreinerei, Schlosserei etc. angeboten. Für die körperliche Ertüchtigung sorgte der morgendliche Dauerlauf, das so genannte ‚Luftbad' – ein Platz am

---

132 Geheeb; Geheeb: Odenwaldschule, [ca. 1928], S. 6.
133 Geheeb: Die kulturelle Aufgabe, 1931, S. 9.
134 Schwitalski: Pädagoginnen an Reformschulen, Dissertation 2001, S. 42.
135 Kurzweil: Die Odenwaldschule (1910-1934), 1973, S. 34.
136 In der Odenwaldschule wurden die SchülerInnnen grundsätzlich als KameradInnen, die LehrerInnen als MitarbeiterInnen bezeichnet.

Waldrand, an dem Gymnastik betrieben wurde – wie auch das Skilaufen im Winter und die Schulwanderungen.

Das Leben im Internat fand auch über den eigentlichen Unterricht und die gemeinsamen Versammlungen hinaus in so genannten pädagogischen Familien statt, also in aus ca. fünf bis zwölf Kindern verschiedenen Alters und ein oder zwei Mitarbeitern bestehenden Wohn- und Lebensgemeinschaften, die die Funktion einer natürlichen Familie übernahmen und damit „dem sozialen Leben der gesamten Schule in wirksamster Weise vorarbeiten“[137] konnten.

Insgesamt betrachtet, entwickelte sich die Odenwaldschule mit ihrer Betonung der Individualität, der propagierten Freiheit für ihre Schüler und dem damals neuen koedukativen Unterrichtsansatz zu einem in der Weimarer Republik als fortschrittlich gerühmten pädagogischen Modell. Das Lexikon der Pädagogik der Gegenwart etwa vermerkte 1938 zu Paul Geheeb und der Odenwaldschule:

> Anzuerkennen ist an Geheeb das Vertrauen auf den gesunden Sinn unserer Jugend, der Ernst, mit dem er sie ernst nimmt, und sein mutvolles, konsequentes Handeln, das sein Werk vielleicht zu dem umfassendsten und kühnsten Schulversuch Deutschlands, ja vielleicht ganz Europas gemacht hat, der geradezu zu einer Wallfahrtsstätte für Suchende aus aller Herren Länder geworden ist.[138]

Dabei waren die äußeren Bedingungen für die Schulentwicklung nicht immer günstig.

Für das erste Schuljahr 1910/11 waren fünf Lehrkräfte, davon drei Lehrer und zwei Lehrerinnen verzeichnet und vierzehn SchülerInnen, zehn Jungen und vier Mädchen[139]. Die Schülerzahl wuchs in den folgenden Jahren stetig, abgesehen von einem leichten Rückgang aufgrund des Ersten Weltkrieges[140]. Die erste Zeit der jungen Schule war vor allem von den zur Expansion notwendigen Ausbauarbeiten geprägt. Während das zum Goethehaus umbenannte Lindenheim schon vor dem Erstbezug im April 1910 mit Gaslicht, Warmwasserheizung und ähnlichen notwendigen Ausbauten versehen worden war, begannen ab 1911 die Bauarbeiten für das Waschhaus, in dem auch ein Aggregat zur eigenen Stromerzeugung aufgestellt wurde, sowie für das Herder-, Fichte-, Humboldt- und Schillerhaus, welche neben Unterrichtsräumen vor allem auch genü-

137 Geheeb; Geheeb: Odenwaldschule, [ca. 1928], S. 11.

138 Dt. Institut f. wiss. Pädagogik: Lexikon der Pädagogik der Gegenwart. Freiburg i.Br. 1938, Sp. 890.

139 Vgl. Schwitalski: Pädagoginnen an Reformschulen, Dissertation 2001, S. 30.

140 Schon 1919 zählte die Schule bereits wieder 110 Kameraden, bis 1930 stieg diese Zahl allmählich auf 190. Vgl. Shirley: Politics of progressive education, 1992, S. 52.

gend Schlaf- und Wohnraum für die wachsende Kameraden- und Mitarbeiterzahl bereitstellen sollten. Später folgten das Pestalozzi-, das Platon-, das Wettstein- und das Werkstättenhaus[141].

Zugleich mussten sich die genannten pädagogischen Einrichtungen der Odenwaldschule mit zunehmender Schüler- und Lehrerzahl erst einmal etablieren, zumal gerade die Lehrerschaft großen Wechseln unterlag und interne Streitigkeiten die angestrebte Kontinuität in der Arbeit unterbanden. Auch wenn nach einem größeren Umbruch im Kollegium[142] der Eintritt von Alwine von Keller und Hermann Harless 1916 eine Konsolidierung bewirkte, war man auch in den folgenden Jahren immer wieder auf der Suche nach geeigneten Mitarbeitern[143].

Gerade auch während des Ersten Weltkrieges meldeten sich viele MitarbeiterInnen freiwillig zum Militär oder zum Roten Kreuz. Zu dieser Zeit litt der Schulbetrieb zudem sehr darunter, dass die Kontakte nach außen, das Reisen und vor allem die Versorgung der SchülerInnen durch die Lebensmittelrationalisierung stark eingeschränkt waren. Die pazifistische Grundhaltung der Odenwaldschule – man weigerte sich konsequent, nationale Feiertage wie bedeutende deutsche Siege oder Kaisers Geburtstag zu feiern – sorgte zusätzlich für Konflikte, die jedoch durch die Fürsprache des Großherzogs Ernst Ludwig entschärft werden konnten.

Die Jahre der Inflation ab 1923 und insbesondere auch die Zeit der Weltwirtschaftskrise 1929 hatten schwere finanzielle Nöte zur Folge, da zahlreichen Abmeldungen und Bitten um Schulgeldreduktion keine Neuanmeldungen gegenüberstanden.

Trotz all dieser Schwierigkeiten erfuhr die Odenwaldschule jedoch große Popularität und zunehmende staatliche Anerkennung, bekam doch „die demokratische Organisation der Schule [...] durch die Demokratisierungstendenzen der Weimarer Republik nachträgliche Legitimation" und schien doch „die Koedukation [...] die gesellschaftlichen Entwicklungen der Weimarer Republik hinsichtlich erweiterter Rechte von Frauen vorweggenommen zu haben"[144]. Die Verbindungen der Geheebs zu der Vereinigung der Freien Schulen in Deutschland wie auch zum New Education Fellowship[145] sorgten für internationale Aufmerksamkeit. Zu-

141 Vgl. Schäfer: Die Odenwaldschule 1910-1960, 1960, S. 85.

142 1914 etwa wurden die Mitarbeiter Theo Spira und Frl. Heine wegen anhaltenden Differenzen gekündigt, was wiederum solidarische Kündigungen von vier weiteren Kolleginnen zur Folge hatte. Vgl. Schwitalski: Pädagoginnen an Reformschulen, Dissertation 2001, S. 30.

143 Vgl. Schäfer: Die Odenwaldschule 1910-1960, 1960, S. 122.

144 Schwitalski: Pädagoginnen an Reformschulen, Dissertation 2001, S. 32.

145 Vgl. Kapitel 3.3.

dem verstärkten prominente Freunde der Schule aus unterschiedlichen kulturellen oder politischen Bereichen wie etwa Rabindranath Tagore, Martin Buber, Käthe Kollwitz, Lily Braun oder Clara Zetkin die Wahrnehmung der Odenwaldschule in der Öffentlichkeit[146]. Mit wachsendem Einfluss der Nationalsozialisten war die Schule jedoch auch zunehmenden Repressalien ausgesetzt und wurde 1934 schließlich in die Emigration gezwungen[147]. Das von Paul Geheeb 1931 eingesetzte Wartesystem, welches die pädagogische Familie ablöste und eine vollkommene Selbstorganisation der Kinder und Jugendlichen darstellte, konnte deshalb nicht mehr zu einer tatsächlichen Etablierung gelangen[148]. Auch die seit 1932 bestehende Möglichkeit zur internen Abiturprüfung an der OSO – zuvor war eine Abiturprüfung nur extern an anderen Schulen möglich – kam unter der Leitung der Geheebs nur noch begrenzt zur Anwendung.

Die hier skizzierten Grundlagen der Odenwaldschule sowie die grobe Linie ihrer Entwicklung geben schon eine Ahnung davon, wodurch Edith Geheebs Leben an der Odenwaldschule geprägt war. Verdeutlicht werden diese einzelnen Aspekte aber erst durch einen genauen Blick auf ihre tatsächlichen Tätigkeiten, die natürlich maßgeblich durch die oben beschriebene historische und strukturelle Entwicklung der Schule geprägt waren. Zunächst soll das Augenmerk auf den Aufbau und die äußere Organisation der Schule gerichtet werden, welche vor allem in den ersten Jahren nur gelingen konnten, wenn sowohl die wirtschaftlichen Aspekte als auch die konkret-organisatorischen effektiv verwaltet wurden. Diese Aufgabe lag vor allem in den Händen von Edith Geheeb.

---

146 Im Zeitraum von 1910 bis 1930 besuchten rund 11500 Gäste die Schule, wobei diese Zahl – pauschal betrachtet – kontinuierlich stieg und somit das zunehmende Interesse der Bevölkerung an reformpädagogischen Einrichtungen und der OSO im Besonderen beweist. Vgl. Schmitt: Besucherbücher der Odenwaldschule, 1993, S. 130-135.

147 Vgl. Kapitel 4.

148 Nach der Auflösung der pädagogischen Familien (die der jüngeren Kameraden ausgenommen) wurden die Kameraden auf die Häuser verteilt, sodass möglichst alle Altersstufen in jedem Haus vertreten waren. Diese Hausgemeinschaften wurden von je fünf Warten angeführt (Hauswart, Gesundheitswart, Finanzwart, Studienwart, Urlaubswart), welche sich neben ihren Tätigkeiten mindestens einmal wöchentlich mit Paul Geheeb und Alwine von Keller trafen. Diese neue Ordnung sollte nach Geheeb weniger das bisher vorherrschende ‚Persönliche', als das ‚Ganze', die Gemeinschaft betonen. Vgl. hierzu auch u.a. Schäfer: Die Odenwaldschule 1910-1960, 1960, S. 33f; Shirley, Politics of progressive education, 1992, S. 78f; Kurzweil: Die Odenwaldschule (1910-1934), 1973, S. 44f.

3.2 Edith Geheeb als Unternehmerin – ihre wirtschaftlich-organisatorischen Tätigkeiten

Nachdem das Lindenheim durch Max Cassirer erworben worden war, stand das junge Ehepaar Geheeb vor einer Reihe von Fragen und Problemen, die grundsätzlich gelöst werden mussten, bevor die Odenwaldschule ihren Betrieb aufnehmen konnte. Edith Geheeb war damals trotz ihrer Aufgeschlossenheit und ihren Erfahrungen in sozialer Arbeit und reformpädagogischen Projekten immerhin erst 24 Jahre alt und mit einer so großen und umfassenden Planung noch nicht in Berührung gekommen: „[…] und die Aufgabe, baldigst die Schulgründung zu verwirklichen, schien mir beinahe unlösbar“[149]. Zunächst einmal ging es darum, das Lindenheim, welches von dem Architekten Metzendorf[150] ursprünglich als Sommerhaus geplant war und weder über Licht noch Warmwasser verfügte, bezugtauglich zu machen, galten und gelten doch auch die Sicherung und das Wohnlichmachen der Gebäude als „unlösbare Bestandteile der vernünftigen Erziehung junger Menschen“[151]. Demzufolge wurden zunächst eine Warmwasserheizung und Gaslicht eingebaut, zudem musste der „sehr, sehr unsolide“[152] Zustand insgesamt verbessert werden, sodass Materialien ausgetauscht, Einrichtungen erweitert und die nötige Ausstattung angeschafft wurde. Hatte man noch ca. sechs Wochen vor der Eröffnung der Schule am 14. April 1910 nur eine einzige Anmeldung vorliegen[153], wuchs die Schülerschaft in den folgenden Monaten allerdings so schnell heran, dass man genötigt war, zusätzlichen Raum zu schaffen. Schon im Sommer 1910 folgten die bereits genannten umfangreichen Ausbauten, die letztlich Raum für insgesamt 80 Kameraden und eine ausreichende Mitarbeiterzahl boten. Auch die Wegeführung und Wasserversorgung in dem weit ausgedehnten Schulgebiet

---

149 Geheeb, Edith: Rede beim Bezug der drei neuen Häuser (1970), in: http://www.ecole.ch/deutsch/framesecole.html, 13.01.2003.

150 Georg Metzendorf (1874-1934) wurde unter anderem für seine Tätigkeit als leitender Architekt der Essener Gartenvorstadt Margarethenhöhe bekannt sowie für sein Konzept der deutschen Arbeitshäuser auf der Weltausstellung in Brüssel 1912, für welches er auch den Professorentitel zugesprochen bekam. Auch nach dem Ersten Weltkrieg prägte er vor allem die Essener Innenstadt durch zahlreiche Bauten. Vgl. Killy; Viehaus: Deutsche Biographische Enzyklopädie, Bd. 7, 1998, S. 91.

151 Schäfer: Edith Geheeb, 1975, S. 7.

152 AEdH, Interview mit Edith Geheeb durch Dr. Otto Kopp, Luzern 1970, S. 18.

153 Grund für diese fehlenden Anmeldungen war vor allem die Tatsache, dass die Schulprospekte erst sechs Wochen vor Beginn des Schulquartals verschickt werden konnten und damit die Eröffnung als solche sehr spät bekannt wurde. Vgl. Näf: Paul Geheeb, 1998, S. 401.

mussten geplant werden[154]. Dadurch entstand „eine Großbaustelle, wie sie zu damaliger Zeit in dieser Gegend ungewohnt war“[155]. Auch wenn die genaue Zahl der beschäftigten Bauarbeiter nicht belegt ist, wird doch aus den Baudimensionen ersichtlich, dass sie beträchtlich gewesen sein muss, „unentwegt“ wurde Baumaterial von Pferdewagen herangefahren[156]. Die Steine, welche das Fundament der Häuser bildeten, wurden zudem an Ort und Stelle gewonnen[157].

Die planerische, gestalterische und logistische Planung unterlag in erster Linie dem Dreiergespann Max Cassirer, Edith Geheeb und Paul Geheeb, die selbstverständlich in enger Verbindung mit dem auch zu den Umbauten herangezogenen Architekten Metzendorf standen und Rücksprachen mit den Arbeitern vor Ort hielten. Dabei entstanden mitunter auch Differenzen: „Nun, diese Pläne sind natürlich nicht so ganz ohne Reibung durchgeführt worden. Der Vater hatte manchmal diese Meinung und mein Mann eine andere und ich noch eine andere“[158]. Trotz dieser Meinungsverschiedenheiten waren die Bauarbeiten zügig und erfolgreich, was – wie noch deutlich werden wird – nicht zuletzt dem großen Einsatz Edith Geheebs geschuldet war.

Ihr Vater Max Cassirer machte durch seine finanzielle Unterstützung den Bau als solchen überhaupt möglich. Noch am Abend seiner Erstbesichtigung des Lindenheims traf er den Architekten Metzendorf in Bensheim und da er seiner Tochter zufolge ein Mensch war, „der sehr, sehr schnell das Positive an einer Sache sehen konnte und sich, sobald er sich persönlich einsetzte, auch alle Bedenken fallen ließ“[159], ging man nach einer kurzen Bestandsaufnahme auch gleich an den Entwurf der Pläne. In gleicher Weise fühlte sich Max Cassirer für den finanziellen Rückhalt ihres Unternehmens verantwortlich. Am 07.06.1910 schrieb er an Paul und Edith Geheeb:

> Die Mittel, welche für den soliden Ausbau der Anstalt notwendig sein werden, kann ich allein zur Verfügung stellen. Gegen eine Überstürzung und planloses Darauflosgehen würde ich mich um so mehr aussprechen, wenn Aussenstehende Gelder zur Verfügung stellen würden. Ich bitte Dich also, Paul, an Niemanden wegen Hergabe von Geldmitteln heranzugehen.[160]

---

154 Vgl. Geheeb, Edith: Rede beim Bezug der drei neuen Häuser (1970), in: http://www.ecole.ch/ deutsch/framesecole.html, 13.01.2003.

155 Schäfer: Die Odenwaldschule 1910-1960, 1960, S. 14.

156 Vgl. Ebda., S. 14.

157 AOSO, Interview mit Paul Geheeb, Edith Geheeb und Lisbeth Hartig durch Walter Schäfer, 1958, S. 13.

158 Ebda., S. 67.

159 Ebda., S. 65.

160 AEdH, Max Cassirer an Paul Geheeb, 07.06.1910, zitiert nach Biodaten Näf.

War er zunächst in erster Linie um das Wohlergehen und die Zukunft seiner Tochter bedacht, fühlte er sich von nun an dem Projekt Odenwaldschule auch als solchem verpflichtet. Aufgrund seiner finanziellen Unterstützung besaß er selbstverständlich bei allen größeren und auch kleineren Entscheidungen Mitspracherecht[161].

Zudem besichtigte er auch die Bauarbeiten vor Ort so oft es seine anderweitigen Verpflichtungen zuließen, und packte auch selbst an:

> In Berlin wohnend, kam er zunächst, solange die Bauten im Gange waren, oft, später etwas seltener nach dem Odenwald. Die Reise war 8-12 Stunden weit; er benutzte die Nacht, um zu reisen, den Tag, um intensiv bei uns zu arbeiten, und manches Mal war er genötigt, die nächste Nacht wieder zurückzureisen. Er kannte [...] jeden Winkel in den Häusern, in den Gärten und den anschliessenden Waldungen.[162]

Auch seine Frau Hedwig half mit, wenn sie zu Besuch war.

Paul Geheeb hingegen beschäftigte sich kaum mit dem Ausbau. Auch wenn er sich an der grundsätzlichen Planung und den Gesprächen mit dem Architekten beteiligte und seine Vorstellungen zum Ausdruck brachte, war er auf der Baustelle so gut wie nicht anzutreffen: „Er ist nie in einen Neubau gegangen ...“[163]. Zum einen richtete er seine Aufmerksamkeit auf die Suche nach Schülern und geeigneten Lehrkräften[164], eine ebenfalls sehr entscheidende Voraussetzung für das Gelingen der zukünftigen Schule, zum anderen befasste er sich mit den rechtlichen Angelegenheiten und widmete sich in seiner freien Zeit seinen Korrespondenzen. Allerdings hatte er sich in Bezug auf seine neue Schulgründung auch vorgenommen, nicht wieder zu einem solchen Arbeitstier zu werden, wie er es in seinen vorherigen Anstellungen gewesen war. Letztlich wurde auch sehr schnell deutlich, dass er für die Organisation und Umsetzung der praktischen Ausführungen ungeeignet war, wie folgende Anekdote symptomatisch verdeutlicht:

---

161 Es ist anzunehmen, dass bei seiner Meinungsbildung stets auch geschäftliche und somit finanzielle Aspekte eine große Rolle gespielt haben. Dadurch kam es natürlicherweise mitunter auch zu Differenzen, bei denen Edith Geheeb stets vermittelnd wirkte. Vgl. AOSO, Interview mit Paul Geheeb, Edith Geheeb und Lisbeth Hartig durch Walter Schäfer, 1958, S. 66. (Manchmal musste er sich jedoch auch Mehrheitsbeschlüssen beugen, z.B. als die Schulgemeinde beschloss, ein Schwimmbad zu bauen. Der Bau wurde dann allerdings nie realisiert. Vgl. Stark: Versuch einer Stellungnahme, Diplomarbeit Heidelberg 1994, S. 130. Zur Arbeit Starks siehe auch Anmerkung 181.)

162 Geheeb, Edith: Rede beim Bezug der drei neuen Häuser (1970), in: http://www.ecole.ch/deutsch/framesecole.html, 13.01.2003.

163 AOSO, Interview mit Paul Geheeb, Edith Geheeb und Lisbeth Hartig durch Walter Schäfer, 1958, S. 17.

164 Vgl. Shirley: Politics of progessive education, 1992, S. 38.

„Paulus, draußen steht noch der Flügel vor dem Haus, und ich glaube, es regnet bald! Wohin soll er denn gestellt werden?“ fragt Edith. „Hmm, das muß wohl überlegt werden“, antwortet er und – begibt sich zur Mittagsruhe.[165]

Max Cassirer hielt ihn somit auch dazu an, sich vor allem um die theoretische Ausarbeitung zu kümmern: „Du, sagte mein Schwiegervater, Du entwickelst Deine pädagogischen Ideen; Professor Metzendorf übersetzt sie ins Architektonische, und die praktische Ausführung überlässt Du Edith und mir.“[166] Damit wird klar, dass die praktische, alltägliche Auseinandersetzung mit den Bauarbeiten vor allem in den Händen Edith Geheebs lag.

Zunächst war sie demzufolge damit beschäftigt, die Bauarbeiten zu beaufsichtigen und für die korrekte Ausführung und ein stetes Vorwärtskommen zu sorgen. Dabei entwickelte sie aufgrund ihrer Einfühlungs- und Vermittlungsgabe schnell „ein besonders gutes Verhältnis zu den Bauhandwerkern“[167], was sicherlich auch dem Arbeitsverhältnis zu Gute kam. Zudem zeigte sich deutlich, dass sie ein großes organisatorisches Geschick und einen untrüglichen Realitätssinn besaß: „Also Edith war eigentlich immer das Praktische, die sich gekümmert hat […], die rumgelaufen und alles mitbestimmt und gesagt [hat], wir brauchen noch so viel Stühle und das muss so sein“[168]. Als „geborene Architektin“[169] übernahm sie somit auch die Hauptverantwortung für die Arbeiten, sie traf die Entscheidungen vor Ort und avancierte darüber hinaus zur Ansprechpartnerin für alle Helfer: „Sie hat den Paulus nie übergangen oder ausgelassen, aber sie war da und zu ihr ging man zuerst“[170]. Natürlich hielt sie immer wieder Rücksprache mit ihm und fragte ihn in einzelnen Punkten um Rat, auch wenn ihre Unterredungen in der Regel eher unterrichtenden Charakter hatten[171]. Sofern die Ausführungen nicht völlig seinen Vorstellungen widersprachen, stimmte Paul Geheeb dem Wirken seiner Frau zu. Darüber hinaus war sie auch an den Gesprächen mit dem Architekten beteiligt und stand in regelmäßiger Rücksprache mit ihrem Vater. Für das Gelingen sowohl dieser Ausbauarbeiten als auch für die Beantwortung kommender organisatorischer und finanzieller Fragen stellte Edith Geheeb zudem das entscheidende Bindeglied zwischen ihrem Ehe-

165 Otto Erdmann: Die Odenwaldschule, in: Cassirer, Eva et al.: Festschrift, [ca. 1953], S. 15.
166 Paul Geheeb, zitiert in Schäfer: Edith Geheeb, 1975, S. 7.
167 Becker: Begegnung, 1975, S. 14.
168 Interview mit Irmi Jones durch Judith Büschel in Goldern, 30.01.2003
169 Aurobindo Bose in AEdH, Interview mit Edith Geheeb durch Dr. Otto Kopp, Luzern 1970, S. 17.
170 Interview mit Irmi Jones durch Judith Büschel in Goldern, 30.01.2003
171 Ebda.

mann und ihrem Vater dar. Auch wenn Max Cassirer die Überzeugungen und die Persönlichkeit Paul Geheebs zunehmend schätzen lernte, traf er als langjähriger Unternehmer und Geschäftsmann mit praktischem Verstand und zupackender Art auf einen Idealisten, der seine Vorstellungen von seiner Schule anhand seiner geistigen und pädagogischen Prinzipien entwickelte, ohne die konkrete Umsetzung in umfassender Weise strukturell zu durchdenken. Zudem konnte Paul Geheeb durchaus eine gewisse Sturheit entwickeln und tendierte dazu, Kritik an seinen Ideen und ihrer geplanten Ausführung sehr persönlich zu nehmen. Edith Geheeb stand somit also zwischen diesen beiden Polen und musste Geduld und taktisches Geschick einsetzen, um die beiden miteinander zu versöhnen und den Bau der Schule nicht zu gefährden. Ohne diese Vermittlungsgabe „hätte die Odenwaldschule nicht zu dem werden können, zu dem sie im Laufe der nächsten Jahrzehnte werden sollte“[172].

Da die zweite, große Bauphase bereits während des beginnenden Schulbetriebs stattfand und somit auch andere organisatorische und pädagogische Aufgaben erfüllt werden mussten, war Edith Geheeb von Anfang an sehr stark ausgelastet: „Nun hatte ich ja in der ersten Zeit enorm viel zu tun. Die Umbauten und Bauten“[173]. Um so mehr machte sich ihre hohe Belastbarkeit bezahlt[174], sodass es in entscheidendem Maße ihr und ihrer „freundliche[n], aber entschlossene[n] Bereitschaft, dafür zu sorgen, daß der lästige Kleinkram erledigt wurde“[175], zu verdanken ist, dass auch die Details konsequent zu Ende gebracht wurden und letztlich die Bauarbeiten fertig gestellt werden konnten. Auch wenn es im Einzelnen nicht zu belegen ist, trägt „vieles in und an den alten Häusern Edith Geheebs Handschrift“[176].

Doch auch über diese Anfangsphase hinaus lag es vor allem in Edith Geheebs Händen, sich um die organisatorischen und wirtschaftlichen Belange zu kümmern. Vor allem auch die Finanzen der Schule unterlagen ihrer alleinigen Verantwortung, wie sie selbst in Bezug auf die mit der Inflation einhergehende Krise feststellte: „Damit hatte ich natürlich am meisten zu tun, denn der Paulus kümmerte sich ja gar nicht um die Wirtschaft. Das kann man wohl gut unterstreichen“[177]. Es stellte sich

172 Näf: Paul Geheeb, 1998, S. 404.

173 AOSO, Interview mit Paul Geheeb, Edith Geheeb und Lisbeth Hartig durch Walter Schäfer, 1958, S. 67.

174 Dass Edith Geheeb belastbar war, zeigt schon die Tatsache, dass sie eben all diese zahlreichen und unterschiedlichen Anforderungen der Aufbauphase bewältigte. Vgl. Becker: Begegnung, 1975, S. 14.

175 Ebda. S. 14.

176 Ebda. S. 14.

177 AEdH, Interview mit Edith Geheeb durch Dr. Otto Kopp, Luzern 1970, S. 27.

schnell heraus, dass sie das wirtschaftliche Geschick ihres Vaters in gewisser Weise geerbt hatte, denn „über diesen Teil ihrer Arbeit, den sie konsequent verantwortete, wurde viel Rühmendes gesagt“[178]. Sie verwaltete das Budget der Schule effizient und erledigte die Buchhaltung[179], wozu sie sich zeitweise auch nach Berlin in den elterlichen Haushalt zurückzog, wo sie mehr Ruhe fand und sich zudem den einen oder anderen väterlichen Rat holen konnte. Verbunden mit dem finanziellen Haushalt führte sie auch den Großteil der nicht unbeträchtlichen rein geschäftlichen Korrespondenz der Schule[180]. Dazu zählte neben den vielen Schreiben, welche ihre Suche nach preisgünstigen Materialien, Nahrungsmitteln oder auch Spenden belegen, und den vielen darauf folgenden Bestellungen und Antworten auch die geschäftliche Korrespondenz mit den Eltern der SchülerInnen. Neben Bitten um Stundungen, Ermäßigungen oder Freiplätze von Seiten der Eltern handelte es sich dabei auch um diverse Mahnungen und Streitereien um die angemessene Höhe des Schulgeldes:

> In zahllosen Schreiben erinnert Edith säumige Eltern an ihre Unterschrift, mit der sie sich bei der Anmeldung ihrer Kinder mit einer dreimonatigen Vorauszahlung des Pensionspreises einverstanden erklärt hatten. Viele Erziehungsberechtigte kommen dieser Verpflichtung einfach nicht nach.[181]

Gerade in dieser Hinsicht musste sie immer wieder ihre Sorge um das Überleben der Schule, welches strikte Sparmaßnahmen und damit verbunden eine gewisse Härte verlangte, und ihr mitfühlendes Verständnis für die oft ebenfalls prekäre finanzielle Situation der einzelnen Familien vereinen.

Da sich die Odenwaldschule ausschließlich über Schulgelder und Spenden finanzierte[182], wird deutlich, wie wichtig gerade die Frage ihrer

---

178 Schäfer: Edith Geheeb, 1975, S. 7.

179 In späteren Jahren wurde sie hierbei durch eine Buchhalterin unterstützt. Parker: Geliebte Edith, 1975, S. 55.

180 Vgl. Lisbeth Hartig, in: AOSO, Interview mit Paul Geheeb, Edith Geheeb und Lisbeth Hartig durch Walter Schäfer, 1958, S. 76.

181 Stark: Versuch einer Stellungnahme, Diplomarbeit Heidelberg 1994, S. 133. Vgl. dazu u.a. Edith Geheeb an Dr. H.G., 25.22.1932, zitiert in Ebda. Die Diplomarbeit Starks beschäftigt sich vor allem mit dem Bild der OSO in Briefen der SchülerInnen, Eltern und Mitarbeiter. Edith Geheebs Schaffen wird vor allem im Hinblick auf ihre organisatorisch-wirtschaftlichen Aktivitäten beschrieben, ihre anderen Tätigkeiten werden allenfalls im Vergleich mit Paul Geheeb genannt, keinesfalls aber systematisch untersucht. Auch wenn die verwendeten Korrespondenzen in großem Umfang ausgewertet wurden, trägt diese Arbeit m.E. zum Teil sehr apologetische Züge.

182 In ihrer Schrift „Die Odenwaldschule“ weisen Paul und Edith auf diesen Sachverhalt hin: „Die Pensionspreise der Kinder sind so niedrig bemessen, daß kaufmännisch überhaupt nur die wirtschaftliche Existenz der Schule erstrebt wird. Um so mehr ist zu hoffen, daß

Höhe für die Existenz der Schule war. Nach Shirley bewegten sich die Schulgelder für die Odenwaldschule in den Zeiten der Weimarer Republik immerhin ungefähr in der Höhe eines Monatseinkommens für einen Arbeiter[183].

Auch die Beträge der zu zahlenden Mitarbeiterlöhne unterlagen einer ständigen Anpassung an die finanzielle Lage der Schule, grundsätzlich arbeiteten fast alle für einen Lohn, der weit unter den etwa an staatlichen Schulen gewährten Bezahlungen lag[184]. Auch hier unterlag es Edith Geheeb auszutaktieren, wer wie viel Geld erhielt, zumal die finanzielle Situation der Odenwaldschule grundsätzlich schlecht war. Bis zur Emigration der Geheebs war die Schule nicht in der Lage, ihre finanziellen Defizite durch die Pensionsgelder und in den Fonds eingegangene Spenden auszugleichen, sodass Max Cassirer am Jahresende stets die dazu nötigen Mittel aus seinem Privatvermögen bereitstellte[185] und der Schule damit den Fortbestand sicherte. Wegen der schwierigen Finanzlage war die Arbeit für Edith Geheeb keine leichte, sondern von ständigen Sorgen geprägt: „Da sitze ich nun in meinem Büro und habe auf der einen Seite die Liste unserer Verpflichtungen, auf der anderen Seite die der ausstehenden Schulden. Verstehen Sie nicht, daß ich oft ganz niedergeschlagen bin?“[186] Zudem musste sie auch hier zwischen Paul Geheeb und ihrem Vater vermitteln. Dass ersterer grundsätzliche Schwierigkeiten hatte mit Geld umzugehen, war schon oft in seinem Leben deutlich geworden. Zum einen hatte er mehrmals freiwillig auf eine angemessene Entlohnung seiner Arbeit verzichtet, zum anderen brachte er sich – wenn er denn einmal über eine ansehnliche Summe verfügte – durch seine großzügige Freigiebigkeit selbst schnell wieder in den Schuldenstand[187]. Über diese Großzügigkeit, welche er ohne größere Rücksprachen auch Schü-

wohlhabende Eltern, deren Kinder unsere Schule besuchen, freiwillig ihre Pensionszahlungen erhöhen, um gut veranlagten Kindern minder bemittelter Eltern die Zugehörigkeit zu uns zu ermöglichen, ja, daß wohlhabende Menschen, die für die kulturelle Bedeutung der Odenwaldschule Verständnis hegen, Beiträge zu einem Fonds stiften, der besonders entwicklungsfähigen Kindern aus unbemittelten Kreisen das Leben in unserer Gemeinschaft ermöglicht“; Geheeb; Geheeb: Odenwaldschule, [ca. 1928], S. 27. Tatsächlich reichte dieser Fonds jedoch nicht aus, das Verhältnis von aus der Arbeiter- oder Mittelschichtklasse stammenden SchülerInnen gegenüber denen aus wohlhabenderen Schichten auszugleichen. Vgl. Shirley: Politics of progessive education, 1992, S. 53.

183 Vgl. Ebda. S. 53.

184 Vgl. Schwitalski: Pädagoginnen an Reformschulen, Dissertation 2001, S. 67.

185 Vgl. u.a. Kurzweil: Die Odenwaldschule, 1973, S. 29.

186 Edith Geheeb an Dr. H. G., 01.07.1932, zitiert in Stark: Versuch einer Stellungnahme, Diplomarbeit Heidelberg 1994, S. 134.

187 Vgl. Näf: Paul Geheeb, 1998, S. 185f.

lern und Lehrern der Odenwaldschule gewährte, beschwerte sich auch Max Cassirer, der ja letztlich dafür aufkam, bitter:

> Die Schule in Oberhambach ist nicht als eine Wohltätigkeitsanstalt errichtet. Ich habe sie Euch zur Verfügung gestellt, damit Ihr in der Lage seid, jetzt und für später Euren Lebensunterhalt selbst zu decken. Auf diesem Wege ist das nicht möglich. Du willst den Wohltäter nach jeder Richtung hin spielen. Du nimmst Kinder auf, ohne dass sie Pension zahlen oder nur eine sehr geringe. Du sorgst für Auslagen in Bekleidung der Kinder, ohne dass ein Ersatz Dir hierfür gegeben wird. Du erweiterst Deine Wohltaten nicht nur auf die Schüler und deren Eltern, sondern auch auf die Lehrer, indem Du Lehrer besoldest, ohne dass sie ihren Beruf ausüben. Du leihst ihnen bares Geld, ohne dass Du die Möglichkeit siehst, die Gelder zurückzuerhalten [...][188]

Neben diesem ständigen Austarieren wurde Edith Geheebs Arbeitssituation zusätzlich auch schwer durch die politische und ökonomische Entwicklung Deutschlands belastet.

Während des Ersten Weltkrieges, vor allem aber während der seit 1929 einsetzenden Inflation und der sich zuspitzenden Weltwirtschaftskrise gestaltete sich die finanzielle Situation äußerst schwierig und wurde für die Schule zunehmend existenzbedrohend. Durch die fortschreitende Geldentwertung verringerte sich die Zahlungskraft allgemein enorm und die extrem ansteigende Arbeitslosigkeit sorgte zusätzlich dafür, dass viele Eltern nicht mehr in der Lage waren, für das Schulgeld ihrer Kinder in der bisher möglichen Weise aufzukommen. Am 24.11.1931 schrieb Edith Geheeb daher an einen Schülervater:

> Ich kann Ihnen gar nicht sagen, wie schwer die Entwicklung der letzten Wochen die wirtschaftliche Basis unserer Schule erschüttert hat. Täglich bekomme ich Briefe und Zuschriften, dass Eltern zahlungsunfähig werden oder erhebliche Ermässigung haben wollen. Unser Budget lässt sich aber nicht wesentlich zurückschrauben.[189]

Im dritten Quartal 1931 schließlich gingen die Einnahmen der Schule im Vergleich zum vorhergegangenen Quartal und auf das ganze Jahr hochgerechnet um ca. 40.000 Reichsmark zurück, und zum Jahresbeginn 1932 lag zudem „eine ganze Reihe“ von Abmeldungen vollzahlender Schüler vor[190]. Der Ernst dieser äußerst bedrohlichen Lage wurde durch die Mahnungen Max Cassirers noch verstärkt, der den Geheebs auch eindringlich bewusst machen musste, welchen zusätzlichen Gefährdungen sie im Falle seines Todes gegenüberstünden:

---

188 AEdH, Max Cassirer an Paul Geheeb, 05.02.1913, zitiert nach Biodaten Näf.
189 AOSO, Edith Geheeb an Charles Philipp, 24.11.2931.
190 Vgl. AOSO, Edith Geheeb an Heinrich Sachs, 08.11.1931.

> Im Falle meines Ablebens werden sich Eure Verhältnisse mit einem Male von Grund auf ändern. Durch meiner Hände Arbeit erwachsen mir Einnahmen, die alsdann sofort in Wegfall kommen. Wenn die Schule sich alsdann nicht selbst erhalten kann, dann wäre ihr Untergang besiegelt. Das soll und muss doch vermieden werden![191]

Es war also unumgänglich, die Wirtschaftsbasis der Odenwaldschule grundlegend umzustellen[192]. Diese Aufgabe, die Edith Geheeb zu verantworten hatte, empfand sie verständlicherweise als „schwer und quälend", hatte sie doch zur Folge, dass die ohnehin schon sehr niedrigen Gehälter zusätzlich gekürzt werden mussten. Die von ihr vorerst ausgearbeiteten Pläne, welche sie im zitierten Brief an Sachs vorlegte, sahen vor, dass zum einen alle Bargehälter um 10 % herabgesetzt würden, wobei solche Löhne, die bereits bei nur 65 Mark pro Monat lagen, weniger gekürzt werden sollten. Zudem sollte die Kinderzulage[193] gestrichen oder drastisch gekürzt werden. Nachdem Edith Geheeb ihre Pläne mit ihrem Mann durchgesprochen hatte und auch er sie für unumgänglich befunden hatte, legte sie sie einer Gruppe von Mitarbeitern vor, die sie noch einmal durchdiskutierten und gegebenenfalls eigene Vorschläge und Kritik einbrachten[194]. Diese Sparmaßnahmen allein reichten jedoch nicht aus, die Existenz der Schule zu retten, sodass schließlich nicht darauf verzichtet werden konnte, ganze Stellen zu streichen: „Am schmerzlichsten ist es mir, dass ich die Notwendigkeit sehe, dass Lehr- und Arbeitskräfte eingeschränkt werden – und dass das bei verminderten Einnahmen erhöhte Arbeitsleistung des Einzelnen, also erhöhte Kurszahl bedeutet"[195]. Wie viele Stellen letztlich rationiert wurden, lässt sich aus den vorliegenden Quellen leider nicht eindeutig beziffern.

Es wird an dieser Stelle ganz deutlich, welche entscheidende Bedeutung der wirtschaftlichen Arbeit Edith Geheebs zukommt. Durch ihre effiziente Verwaltung der Finanzen und ihren Geschäftssinn ermöglichte sie der Schule in den genannten schweren Zeiten, aber auch in den weniger problematischen – sofern man in finanzieller Hinsicht überhaupt von solchen sprechen kann – das Überleben. Es ist stark zu bezweifeln, dass sich die Schule in gleicher Weise entwickelt hätte, wenn der verträumte

---

191 AEdH, Max Cassirer an Geheeb, 01.01.1930, zitiert nach Biodaten Näf.

192 Vgl. AOSO, Edith Geheeb an Frau Steffen-Eisen, 13.01.1932.

193 Bisher hatten Familien mit Kleinkindern, welche noch nicht an den gemeinsamen Mahlzeiten teilnehmen konnten, eine monatliche Zulage erhalten, die so genannte Kinderzulage.

194 Inwiefern diese Vorschläge letztlich umgesetzt wurden, lässt sich anhand der Quellenlage nicht eindeutig ermitteln. Sie liefern dennoch ein deutliches Bild davon, auf welche Weise Edith Geheeb die finanzielle Basis der Schule zu erhalten suchte.

195 AOSO, Edith Geheeb an Heinrich Sachs, 08.11.1931.

Paul Geheeb diese Aufgabe übernommen hätte, ganz abgesehen davon, dass das Cassirersche Vermögen darüber hinaus immer wieder als Retter in der Not diente. Doch auch wenn es Edith Geheeb war, die die auch von ihr als schwierig empfundene und ungeliebte Aufgabe übernahm, die nötigen Sparmaßnahmen in Form von Gehaltskürzungen und Stellenstreichungen umzusetzen, bedeutete das nicht, dass sie die finanzielle Lage der Lehrer, aber vor allem auch die der minder bemittelten Schülereltern nicht stets mitberücksichtigte und ihnen – so weit es ökonomisch vertretbar war – entgegenkam. Gerade im Interesse der positiven Entwicklung der SchülerInnen zeigte sie oft sehr großen Einsatz und versuchte, ihnen einen andauernden Aufenthalt in der Odenwaldschule zu ermöglichen:

> Du hast Dein Bestes getan, um auch den Kindern weniger begüterter Eltern die Odenwaldschule zu ermöglichen. Mit viel List und Umbuchungen, mit himmelsphärischer Mathematik und Anrechnungen von mehr Klopapier, als verbraucht wurde, vermochtest Du ein oder das andere Kind mit dieser Radius-mal-Pi-Berechnung einzuschmuggeln […][196]

Unzählige Briefe an die Eltern zeugen von diesen Bestrebungen und legen die differenzierten, oft kleinlich anmutenden, aber letztlich doch entscheidenden Berechnungen dar[197].

Ebenso aufwendig war die über die finanziellen Aspekte hinausgehende Korrespondenz mit den Eltern, die Edith Geheeb über das normale Maß eines Familienoberhauptes hinaus beschäftigte. An sie als mitleitende Ansprechpartnerin der Odenwaldschule richteten sich auch „zahllose Briefe und Karten mit Bitten um Nachsendung vergessener Kleidung oder mit Ersatzforderungen für angeblich in der Schule gestohlenes Eigentum ehemaliger Schüler“[198]. Auch bei schwerwiegenderen Krankheitsfällen oder bei Verdacht auf solche war sie es, die sowohl die Arztbesuche arrangierte, als auch deren Ergebnisse den Eltern mitteilte und weitere Schritte mit ihnen brieflich diskutierte. Darüber hinaus organisierte sie in ihrer Korrespondenz sowohl die Anfahrt der Eltern bei etwaigen Besuchen in der Odenwaldschule, als auch die Abreise der Kinder in die Ferien.

Doch die wirtschaftlich-organisatorischen Aufgaben Edith Geheebs umfassten noch weit mehr als bisher im Hinblick auf ihre Rolle beim Häuserbau, bei der Finanzverwaltung und der Geschäfts- und Elternkor-

---

196 Parker: Geliebte Edith, 1975, S. 89.

197 Diese Briefe befinden sich v.a. im Archiv der Odenwaldschule in den entsprechenden Elternkorrespondenzen.

198 Stark: Versuch einer Stellungnahme, Diplomarbeit Heidelberg 1994, S. 135.

respondenz deutlich geworden ist. Dabei fällt es jedoch schwer, ihre Aufgaben konkret zu benennen und vor allem sie klar abzugrenzen:

> Im Schulbetrieb hattest Du kein Ressort, sondern Universalrechte, denn Du warst in allem zuständig, was Du tatest. Du warst eine Zentrale, ohne dass ich genau zu sagen wüsste, für was. Du warst einfach ein Mittelpunkt, und damit ist am deutlichsten gesagt, was Du warst. – Paulus war ‚über', Du warst ‚in' allem.[199]

Da sich Paul Geheeb, wie er selbst zugestand, nur schlecht „für Organisieren und Propagandamachen"[200] eignete, fielen auch diese Aufgaben Edith Geheeb zu, sodass die letztliche Verantwortung für alle sachlichen Notwendigkeiten vor allem in ihren Händen lag. Die Tatsache, dass sie selbst nicht unterrichtete, unterstrich diese Sonderstellung zusätzlich und gab ihr aber auch die Möglichkeit, sich über die genannten Aspekte hinaus dem „Wohnlichmachen einer Heimschule"[201] voll und ganz zu widmen.

Dabei ging es – salopp gesagt – in erster Linie darum, die Dinge „am Laufen" zu halten, eine Aufgabe, die bei weitem nicht so einfach zu erfüllen war, wie sie oberflächlich klingt. Im Hinblick auf die tägliche Versorgung der SchülerInnen etwa war die Beschaffung der Lebensmittel von außerhalb in Abstimmung mit solchen Produkten, die direkt im Schulgarten angebaut wurden, zu koordinieren. Auch wenn es von Anfang an Personal gab, dem diese Aufgabe unterlag, war auch Edith Geheeb an den Entscheidungen darüber beteiligt, auch gerade im Hinblick auf ihre wirtschaftliche Effizienz. Vor allem in den schweren Jahren des Ersten Weltkrieges, in denen Nahrungsmittel zunehmend streng rationiert wurden und auch die Bauern der umliegenden Dörfer wegen Fronteinsatzes ihre Felder nicht bestellen konnten, ist es Edith Geheeb zuzuschreiben, dass die Versorgung der Schule nicht völlig zusammenbrach:

> Was Du damals mit Fräulein Ganz, der Buchhalterin, in der Notzeit geleistet, was Du an Manipulationen, Raffinements und sonstigen Listen bewerkstelligt haben magst, um für uns Brot, Kartoffeln und Maisgriess zu beschaffen, was das an Kraft, Mut, Ausdauer, Energie, Beredsamkeit, Charme erfordert haben muss, geht fast ins Übermenschliche und kann in seinem ganzen Ausmasse nur von Dir ermessen werden.[202]

Auch wenn die Versorgungslage insgesamt deutlich schlechter war als in den Jahren des Friedens, konnte die Verpflegung der SchülerInnen da-

---

199 Parker: Geliebte Edith, 1975, S. 42.

200 Paul Geheeb an Elisabeth Rotten, 28.03.1929, abgedruckt in: Schäfer: Paul Geheeb, 1970, S. 131.

201 Schäfer: Edith Geheeb, 1975, S. 12.

202 Parker: Geliebte Edith, 1975, S. 55.

durch letztlich sichergestellt werden. Edith Geheebs Einsatz sicherte auch die Beschaffung von Heizmaterial, das in jener Zeit eigentlich nur an kriegswichtige Betriebe ausgegeben wurde. Sie war es auch, die den Transport dieser wichtigen Dinge in die Odenwaldschule organisierte: Hatte sie zunächst das in der Odenwaldschule stationierte Militär dazu überredet, ihre Fahrzeuge dafür zur Verfügung zu stellen, organisierte sie bei deren Steckenbleiben im Matsch kurzerhand einen Eselwagen.[203]

Auch während der Weltwirtschaftskrise entschied sie darüber, welche Sparmaßnahmen im alltäglichen Leben umgesetzt werden sollten: „Es gab Blechteller statt Porzellan, Maisgriess statt Fleisch, graue Tonerde statt Seife“[204].

Doch auch in den besseren Zeiten der Odenwaldschule war sie immer präsent für alles, was getan werden musste, wie ihr Neffe Heiner Cassirer anschaulich beschreibt:

> Noch immer sehe ich sie, wie sie, im roten Wollsweater, die gold-blonden Haare in einen Knoten gebunden, rasch durch die Schule schreitet, ihre lebhaften Augen sehen alles, einen Ziegel auf dem Dach, der sich löst, und das Schulbuch, das herrenlos herumliegt, den Jungen, der die Gartenarbeit schwänzt und mich, der verträumt dahintrödelt.[205]

Edith Geheeb managte den Alltag der Schule in all seinen praktischen Erfordernissen: Sie kümmerte sich um die Beschaffung der notwendigen Ausstattung und um ihre Instandhaltung, veranlasste Reparaturen und verhandelte mit den zuständigen Ansprechpersonen. Dass sich diese vielen kleinen Tätigkeiten im Einzelnen nicht explizit durch Quellen belegen lassen, weil sie weniger dokumentiert als vielmehr durchgeführt wurden, ist bereits an anderer Stelle zur Sprache gekommen. Die vielen Aussagen ehemaliger MitarbeiterInnen und SchülerInnen decken sich aber darin, dass sie alle Edith Geheebs „Realitätsbezogenheit“, ihre „Fähigkeit, Tatsachen und Verhältnisse auch richtig zu bewerten und zu beurteilen, daraus die notwendigen Schlüsse zu ziehen“[206], hervorheben und ihr Wirken im Kleinen als entscheidend für den Bestand der Schule erkannten. Entscheidend dafür war allerdings auch ein bestmögliches Zusammenarbeiten und -wirken mit allen anderen beteiligten Personen. Im Hinblick auf die äußerliche Organisation des Schullebens galt es also, ein gutes Verhältnis zu den technischen Mitarbeitern aufzubauen und deren Arbeitsgebiete zu koordinieren. Während Paul Geheeb wesentlich

203 Zur Stationierung des Militärs und der beschriebenen Episode vgl. ebda. S. 55; Shirley: Politics of progressive education, 1992, S. 50.

204 Parker: Geliebte Edith, 1975, S. 87.

205 Cassirer, Henry: Meine Tante Edith, 1975, S. 91.

206 Kramm: Meine liebste Edith, 1975, S. 99.

über die Tauglichkeit der sich bewerbenden Lehrkräfte entschied, war Edith Geheeb für die Einstellung der praktischen Angestellten verantwortlich, was sich nicht immer leicht gestaltete:

> Oft während dieser Jahre klagte Edith Geheeb darüber, wie schwierig es sei, die richtige Art von Angestellten – auch selbst für den wirtschaftlichen Betrieb zu finden, sei es in leitenden Posten wie Übersicht über Häuser, Büro, Waschhaus, Maschinenhaus und Garten, oder selbst in so genannten untergeordneten Posten der Haus-, Garten- und Maschinenangestellten. An allen Posten wollte Edith Geheeb am liebsten nur solche Menschen beschäftigen, die eine ausgedehnte Kenntnis und Erfahrung mit Kindern mitbrächten.[207]

Neben diesen vielen kleinen und großen organisatorischen Aufgaben lag ihr von Anfang an die Einrichtung und Pflege des Schulgartens besonders am Herzen, eine Aufgabe, die sie in den späteren Jahren – neben anderen – vor allem mit der Biologielehrerin Zumbusch teilte. In diesem Garten wurden sowohl Obst und Gemüse zur eigenen Verwertung als auch Blumen und andere Zierpflanzen angebaut. Mit fortschreitenden Gartenbaukursen, wachsender Schülerzahl und der fachmännischen Hilfe des Gärtners Knodt etablierten sich diese Anlagen immer mehr, sodass schließlich auch ein Gewächshaus gebaut werden konnte. Knodt bestätigte ihre Liebe zur Gartenarbeit:

> Dann ging's mit Frau Geheeb ins Gelände und ich entwickelte so langsam meine Pläne, wie man Gärten und Anlagen gestalten könne. Das muß ich vorweg sagen: Frau Geheeb hat sich von der ersten Stunde an bis heute sehr für den Garten interessiert, sie verbringt manches Stündchen an ihrem Einzelbeet, arbeitet in den Gartenbau-Kursen mit und bespricht immer noch alles Laufende, was den Garten anbetrifft, mit mir.[208]

Insgesamt betrachtet lässt sich feststellen, dass Edith Geheeb mit ihrem Wirken im Großen und Kleinen zwar keine fest umschriebenen Arbeitsinhalte besaß, sich aber zunehmend immer mehr zur Wirtschaftsleiterin und -managerin der Schule entwickelte und dementsprechend auch umfassende Kompetenzen besaß. Dabei musste sie die vielen verschiedenen oben genannten Bereiche und Aufgaben gleichzeitig übersehen, koordinieren und ausführen.

Hinzu kam, dass sie auch maßgeblich für die Betreuung von auswärtigen Besuchern – waren diese nun Eltern oder anderweitig reformpädagogisch Interessierte – verantwortlich war und ihnen sowohl Unterkunft und Verpflegung bereitstellte, als auch in dem des Öfteren eintretenden

---

207 St. Goar: Über die Notwendigkeit, [ca. 1953], S. 54.
208 Knodt: Wie ich in die Odenwaldschule kam, 1930, S. 92.

Fall, dass Paul Geheeb keine Zeit oder Muße für die Gäste hatte, für deren allgemeine Beschäftigung und Wohlbefinden sorgte.

Ihr Arbeitspensum war somit enorm und viele Male drohte sie an dieser Belastung zu zerbrechen.[209] Auch nach Auffassung Max Cassirers gingen diese Aufgaben „weit über das Übliche hinaus, und gehören für gewöhnlich in das Arbeitsfeld des Schulleiters!“[210] und er warf seinem Schwiegersohn vor:

> Du stehst eigentlich dauernd auf dem Standpunkt, dass Edith sich durchaus nicht anstrengt und nach jeder Richtung hin entlastet ist, während ein jeder, der in der OSO tätig ist – von den Lehrern bis zum Philipp und den einzelnen Bauern herab – erstaunt ist, dass Edith diese Arbeitslast erträgt.[211]

Tatsächlich gestaltete sich Paul Geheebs Arbeitstag im Gegensatz zu dem seiner Frau eher ruhig, wie sie selbst bestätigte:

> Ich meine, er war ja doch Eigenbrödler. Welcher andere Schuldirektor würde morgens um 6 Uhr aufgestanden sein, sich eine Stunde gewaschen haben, dann eine Stunde gefrühstückt, dann zwei Stunden zu seinen Tieren gegangen und dann sich aufs Sofa gelegt und nachgedacht und Briefe diktiert haben? Ich mein', es mag auch manchmal ein bißchen anders gewesen sein, aber das war eigentlich die Routine“[212].

Im Gegensatz zu ihr war er in erster Linie – auch in seiner Korrespondenz – mit pädagogischen Grundsatzfragen beschäftigt, er vertrat die Schule nach außen und unterhielt die Kontakte zur deutschen und internationalen reformpädagogischen Bewegung. In der Schule selbst bestimmte er in den Diskussionen in der Schulgemeinde und den Konferenzen wesentlich die Leitlinien des Landerziehungsheimes mit, war aber an organisatorischen Problemen wenig beteiligt und eignete sich auch – wie schon beschrieben – wenig dazu. Die daraus resultierende unterschiedliche Rollenverteilung des Ehepaars Geheeb findet ihre Entsprechung auch ganz prägnant in der Weise, wie sie in ihrer Schule angeredet wurden: Während sich Paul Geheebs leichte Entrücktheit und seine geistige, fast heilige Ausstrahlung im gängigen ‚Paulus‘ wieder fanden,

---

209 Vgl. Kapitel 3.4.

210 AEdH, Max Cassirer an Paul Geheeb, 10.11.1925, zitiert nach Biodaten Näf.

211 AEdH, Max Cassirer an Paul Geheeb, 21.12.1912, zitiert nach Biodaten Näf. Diese Überlastung kommt auch in zahlreichen anderen Quellen zur Sprache so z.B. auch von Seiten der SchülerInnen, die sich mitunter, aus dem Gefühl heraus, „es laste zu viel auf mir [gemeint ist Edith Geheeb, J.B.]“, nicht trauten, Edith Geheeb anzusprechen; AOSO, Edith Geheeb an Fr. de Bosch-Kemper, 21.10.1931.

212 AEdH, Interview mit Edith Geheeb durch Dr. Otto Kopp, Luzern 1970, S. 26.

symbolisierte Edith Geheeb als ‚Tante Edith' wohlsorgende Zugänglichkeit und alltägliche Nähe.[213]

Sie wirkte durch ihre organisatorischen Tätigkeiten also als Bindeglied zwischen den Ideen ihres Mannes und den praktischen Anforderungen der Umwelt. Die ehemalige niederländische Mitarbeiterin Agaath Hamaker-Willink fasste dies einmal so zusammen: „Ich habe immer das Gefühl: Paulus ist die Idee und Edith ist die Möglichkeit"[214]. Ihre Tatkräftigkeit und ihr praktisches Geschick waren unter den OSO-SchülerInnen schon fast sprichwortreif, was ihre Bedeutung nur unterstreicht: „In irgendeiner schwierigen Situation, in der es auf Kraft und Entschlußfähigkeit ankam, vor der wir hilflos standen, fiel das fast klassisch gewordene Wort: Hier kann nur ein Mann helfen oder Edith Geheeb"[215].

Auch wenn ihr Alltag stark durch die beschriebenen finanziellen und organisatorischen Tätigkeiten bestimmt war, ging ihr Wirken in der Odenwaldschule jedoch auch darüber hinaus, denn „Die Aufgabe sind immer die Kinder gewesen … immer, ja!"[216]

3.3 Edith Geheeb als Pädagogin

Die pädagogischen Überzeugungen[217] Paul Geheebs, welche die Basis für das Konzept der Odenwaldschule bildeten, können grundsätzlich auch für alle anderen Mitarbeiter als verbindlich angesehen werden, wenn es selbstverständlich auch in manchen Fragen der Umsetzung zu Differenzen kam. Wie aus Edith Geheebs Biografie bisher deutlich wurde, war sie schon seit Beginn ihrer pädagogischen Ausbildung mit reformpädagogischen Ideen und Erziehungsvorstellungen in Berührung gekommen, welche die Bedürfnisse des Kindes in den Mittelpunkt stellten und möglichst nicht-direktiv dessen Selbstaktivität zu fördern such-

---

213 Diese Anrede wurde von Frau v. Oettingen eingeführt, einer Krankenschwester, die zusammen mit ihrem Mann den Lazarettzug der Kronprinzessin Cecilie führte und während des Ersten Weltkrieges in der Odenwaldschule aufgenommen wurde. Edith Geheeb hat diese Bezeichnung nach eigenen Angaben „gehasst" und war dementsprechend froh, dass diese Tradition in der Schweiz nicht weitergeführt wurde. Vgl. AEdH, Interview mit Edith Geheeb durch Dr. Otto Kopp, Luzern 1970, S. 22. Vgl. hierzu auch Schwitalski: Pädagoginnen an Reformschulen, Dissertation 2001, S. 234.

214 Hamaker-Willink: Die gänzliche Verantwortung tragen, 1985, S. 558.

215 Altschüler(In) K. v. K., zitiert in: Schäfer: Edith Geheeb, 1975, S. 10. Edith Geheeb besaß anscheinend ein sehr ausgeprägtes praktisches Verständnis, das durchaus mit dem ihres Vaters zu vergleichen ist. Darüber hinaus hatte sie aber auch in ihrer bisherigen pädagogischen Ausbildung und vor allem unter den schwierigen Arbeitsbedingungen mit den Kindern der Berliner Arbeiterschaft gelernt sich durchzusetzen und effektiv ‚mitanzupacken'. Vgl. Kapitel 2.

216 Zitiert in Schäfer: Edith Geheeb, 1975, S. 9.

217 Vgl. dazu Kapitel 3.1.

ten. Ihre eigenen Erziehungsvorstellungen beruhten dementsprechend auf einem großen Vertrauen in die naturgegebenen Entwicklungs- und Lernmöglichkeiten der Kinder. So war auch sie darauf bedacht, ihre Zöglinge bedingungslos und gleichberechtigt ernst zu nehmen und ihnen einen offenen Freiraum zu gewähren, in welchem sie sich selbstbestimmt von Innen heraus entwickeln und ihre Individualität frei entfalten konnten, ohne zugleich das Bewusstsein für die Gemeinschaft und die damit einhergehende Verantwortung und Disziplin aus den Augen zu verlieren. Es lässt sich also feststellen, dass Edith Geheeb bei der Begegnung mit ihrem zukünftigen Mann auch aufgrund ihrer vielfältigen pädagogisch-praktischen Erfahrungen bereits ein eigenes Konzept von Erziehung verinnerlicht hatte. Zum anderen ist jedoch auch anzunehmen, dass dieses Konzept durch die Auseinandersetzung mit den Vorstellungen und Idealen Paul Geheebs noch einmal eine Fundierung bzw. Erweiterung erfahren hat, auch wenn sich dieser Prozess nicht konkret belegen lässt.

Inwieweit Edith Geheeb als Pädagogin an der fortdauernden Diskussion um die prinzipielle pädagogische Leitlinie der Schule und ihre konkrete Umsetzung beteiligt war, ist anhand der vorliegenden Quellen nur schwer zu bestimmen. Auch wenn einzelne Berichte deutlich machen, dass sie in der Schulgemeinde durchaus das Wort ergriff, um ihrem Unmut über das Verhalten Einzelner Luft zu machen, heißt es zu ihrer Beteiligung an dieser maßgebenden Institution doch überwiegend: „Sie spricht selten“[218]. Da sie sich aufgrund ihrer großen Bescheidenheit[219] grundsätzlich auch sonst eher im Hintergrund hielt, ist anzunehmen, dass sie auch in den Mitarbeiterkonferenzen einen eher ruhigen Part spielte. Doch auch wenn ihr in dieser Hinsicht nach außen hin weniger eine aktiv-tragende Rolle zuzukommen scheint und sie sich letztlich immer loyal ihrem Mann und seinen Entscheidungen gegenüber verhalten hat, wird durchaus deutlich, dass sie sich innerlich prinzipiell ernsthaft mit den wichtigen pädagogischen Fragen auseinandergesetzt hat und ihren eigenen Standpunkt vertrat. Etwa zu der Frage der grundlegenden Konzeption des Kindergartens an der OSO schrieb sie 1918 an Paul Geheeb:

> In der Sache [es ging um die Frage der Aufnahme eines weiteren Kindes, vgl. Schwitalski] habe ich meine Meinung nicht geändert: wir führen den Kindergarten nicht als ‚Vorschule‘ sondern in der Art einer gebildeten Fami-

218 Huegenin: Die Odenwaldschule, 1926, S. 41.

219 Edith Geheebs sehr bescheidenes Wesen wurde von unterschiedlichen Zeitzeugen immer wieder konstatiert und zeigt sich auch schon anhand ihrer eigenen Darstellungsweise und Wortwahl deutlich. Vgl. hierzu u.a. Becker: Begegnung, 1975, S. 12; Kramm: Meine liebste Edith, 1975, S. 97; Margot Schiller in Schwitalski: Pädagoginnen an Reformschulen, Dissertation 2001, S. 247.

> lie wo die Mutter mit ihren jüngsten spielt und sie einzeln fördert. Je mehr Kinder, desto unmöglicher wird die Weiterführung in dieser Art, desto mehr müssen wir uns dem Anstaltsschema nähern. Und können wir es denn überhaupt verantworten so kleine Kinder aufzunehmen? Für die Kinder vom schulreifen Alter an hast du Formen geschaffen, die die individuelle Entwicklung sicherstellen, für die Kleinen können wir nur zwischen den alten Formen wählen: Familie oder Anstalt. Eins muß zum Vorbild genommen werden. (...) Die Grenze <u>muß</u> im Interesse der Kinder gezogen werden.[220]

Aufgrund ihrer fachlichen Kompetenzen war Edith Geheeb also durchaus in der Lage, ihren Mann auf allen Gebieten adäquat zu vertreten, was sie bei dessen Abwesenheit auch immer wieder tat.

Zugleich wirkte sie stets als Vermittlerin zwischen Paul Geheeb und seiner Umwelt (ganz gleich ob Kinder oder Erwachsene, Mitarbeiter oder Kritiker), was als pädagogische Tätigkeit im weiteren Sinn für die Schule von entscheidender Bedeutung war. Paul Geheeb war

> besonders in den späteren Jahren, manchem Jugendlichen und Erwachsenen fremd, unverständlich oder gar unheimlich gewesen. Er konnte sich abwenden, war leicht verletzbar, zog sich wie eine Schnecke in sein Haus zurück, mochte mit manchem nicht reden. Sie war allen zugewandt, heiter, belastbar, sie flößte niemandem Ehrfurcht ein, sondern erweckte bei allen Zutrauen.[221]

Immer wieder nahm sie entstandenen Konflikten die Brisanz, indem sie Eigenarten und Argumente der einen Seite der jeweils anderen durch angemessenes Ernstnehmen und Verständnis, aber auch durch eine gute Portion Humor näher zu bringen versuchte. Diese besondere Gabe ergab sich keinesfalls daraus, dass eine solche Vermittlerrolle von ihr als der ‚Ehefrau von' gleichsam erwartet wurde, sondern unterstreicht ihren Einsatz für die Schule und ihre zwischenmenschlichen, sozialen und pädagogischen Fähigkeiten zusätzlich.

Entscheidend für ihr Verständnis als Pädagogin war jedoch in erster Linie die konkrete Auseinandersetzung mit den Kindern. Da sie selbst nicht unterrichtete, bildete die Arbeit als Familienoberhaupt den Grundstein dafür:

> Ich hatte ja fast immer die größte Familie in der Schule. Wir wohnten im Humboldthaus, und ich hatte immer 16 bis 18 Kinder. [...] Ich habe immer eine sehr nahe Beziehung zu den Kindern gehabt, und wir haben auch als

220 Edith Geheeb an Paul Geheeb, 20.08.1918, zitiert in: Schwitalski: Pädagoginnen an Reformschulen, Dissertation 2001, S. 48. Vor allem in den Zeiten, in denen entweder Edith Geheeb auf Kur bzw. anderweitig verreist war oder Paul Geheeb auf Vortragsreisen bzw. Seminaren weilte, hielten sich die beiden anhand eines regen Briefverkehrs auf dem aktuellem Stand der Dinge.

221 Becker: Begegnung, 1975, S. 14.

Gruppe wunderschön zusammengelebt. Ich meine, nicht bloß in Familienabenden, alles für die Schulgemeinde vorgearbeitet, vorgesprochen, sondern mit den Kindern gespielt und, na wie es eben im Hause ist, in dem man gemeinsam ist. Ich habe auch immer alle Altersstufen gehabt. Ich habe meistens schon Kinder von 5, 6 Jahren gehabt, und dann die Großen, die zum Abitur gingen. Und ich habe immer fertiggekriegt, daß die großen Kinder sich um die Kleinen kümmerten.[222]

Edith Geheebs konkrete Aufgaben als Erzieherin ergeben sich direkt aus ihrem Amt als Familienmutter und klingen in dem oben genannten Zitat schon an: Sie übernahm alle Tätigkeiten einer natürlichen Mutter, von der äußeren Versorgung der Kinder, über ihre Betreuung in schulischer Hinsicht und mit Blick auf die schulische Gemeinschaft bis hin zur Sorge um eine angemessene und gute Gestaltung der Ferien des Einzelnen[223]. In erster Linie diente sie ihren Kindern aber als Vertrauensperson und Ansprechpartnerin und hatte dadurch prägenden Einfluss auf sie, wie in zahlreichen Erinnerungen der AltschülerInnen deutlich wird:

Ich war drei Jahre lang in ihrer Familie. Nie wieder habe ich einen solchen verständnisvollen, lieben Menschen getroffen. Nie habe ich jemanden gesehen, der so einfach und so natürlich mit den schwierigsten Kindern und Problemen umzugehen wußte, ohne viel Worte über die Wissenschaft des Erziehens zu verschwenden.[224]

Dabei schien sie eine besondere intuitive Gabe gehabt zu haben, die Talente ihrer SchülerInnen zu entdecken und auf eine Weise zu fördern, die ihnen das Gefühl gab und zunehmend dazu befähigte, sich selbst zu entwickeln und zu stärken: „Wenn Du etwas empfahlst, vorschlugst oder zu bedenken gabst, dann glaubten wir, dass wir es selber genau so hätten tun wollen, und Deine Ratschläge wären eigentlich ganz überflüssig gewesen“[225]. Zudem schenkte sie „uns immer neues Vertrauen, sie brachte in uns das Bewußtsein hervor, daß wir eigentlich mit unseren Fähigkeiten etwas erreichen sollten. An ihrem Beispiel haben wir gesehen, wie man mit Menschen umgehen muß.“[226] Durch diese Vorbildwirkung,

---

222 AOSO, Interview mit Paul Geheeb, Edith Geheeb und Lisbeth Hartig durch Walter Schäfer, 1958, S. 69.

223 Als ein Beispiel von vielen sei ihr Einsatz für einen Schüler genannt, der in den Ferien nicht zu seiner Familie zurückkehren konnte. Edith Geheeb sorgte sowohl dafür, dass der Junge in einer anderen Familie in Holland unterkam, als sie auch das Geld für Reise und Unterbringung aufbrachte und alle notwendigen Formalien für einen Kinderausweis erledigte. Vgl. Stark: Versuch einer Stellungnahme, Diplomarbeit Heidelberg 1994, S. 136. Auch in ihrer Funktion als Familienoberhaupt hatte Edith Geheeb also eine nicht unbedeutende Menge an Briefverkehr zu führen. Vgl. Kapitel 3.2.

224 Schoen-René: In Tante Ediths Familie, 1930, S. 103.

225 Parker: Geliebte Edith, 1975, S. 67.

226 Schoen-René: In Tante Ediths Familie, 1930, S. 103.

durch ihre Herzlichkeit und Anteilnahme, durch ihre „Heiterkeit in der Bestimmtheit“ und nicht zuletzt durch ihre „nicht-autoritäre Autorität“, welche Martin Wagenschein noch in späteren Jahren seinen Studenten an ihrem Beispiel zu verdeutlichen suchte[227], wirkte sie auf ihre SchülerInnen noch weit über deren Schulzeit hinaus: „Und seit dieser Zeit hab ich Dir gegenüber diese Empfindung bewahrt – eine innere Verbundenheit und Zuneigung, wie ich sie nur zu der im Vergleich ziehen könnte, die ich zu meiner Mutter hatte“[228].

Auch Edith Geheebs Sorge um ihre Zöglinge dauerte an, und oft stand sie auch in späteren Lebensabschnitten helfend zur Seite, wie neben den vielen, über lange Jahre geführten Briefwechseln mit AltschülerInnen unter anderem die Aussage ihrer ehemaligen Schülerin Gertraudt Schaefer zeigt: „Aber ich habe eben immer den Kontakt gehalten, so daß Edith Geheeb dann gesagt hat, ach lern doch dies Buchbinden und Papparbeiten, dann kannst du das bei uns unterrichten. Dadurch bin ich zu meinem Beruf gekommen“[229]. Neben den Kindern ihrer eigenen Familie stand sie jedoch – soweit es ihre anderweitige Auslastung zuließ – auch allen anderen Kindern der Odenwaldschule als Ansprechpartnerin zur Seite und wurde damit in manchen Augen zur „Gesamt-OSO-Mutter“[230].

Die Weiterentwicklung und Professionalisierung ihrer Erziehungsvorstellungen und -praxis geschah dementsprechend vor allem in der Tätigkeit. Aufgrund ihrer Erfahrungen als Familienmutter und ihrer Verantwortungsübernahme für die Kinder weit über deren eigentlichen Schulaufenthalt hinaus fand eine ständige Reflexion ihres eigenen Tuns statt. Eine solche permanente Auseinandersetzung mit ihren eigenständig erworbenen pädagogischen Idealen und Prinzipien änderte diese in ihren Grundlagen zwar nicht, verhalf Edith Geheeb über die Jahre aber zu einer erweiterten und geschärften Auffassung von ihrem Tun. Auch ihre Aufgabe, als Mitschulleiterin auf das Lehrpersonal und dessen Ver-

227 Martin Wagenschein war von 1924 bis 1933 Mitarbeiter an der OSO und Zeit seines Lebens eng mit Paul und Edith Geheeb befreundet. Später wurde er vor allem durch seine exemplarisch-genetisch-sokratische Methode bekannt. In dem erwähnten Brief schildert er recht deutlich Edith Geheebs ‚nicht-autoritäre Autorität‘: „Wie Du, zum Beispiel, dastehst im Speisesaal der Ecole zwischen den vielen neuen Ferienkindern, die nicht oder nur zum Teil abends zur Musik gekommen waren: Wie Du ihnen da sagtest: ‚Hier IST das aber so: hier geht man zur Musik: ALLE!‘ Und das ‚Wie‘ dieses Satzes (was hier dem geschriebenen Satz nicht anzusehen ist), war: HEITERKEIT IN DER BESTIMMTHEIT“. AEdH, Martin Wagenschein an Edith Geheeb, 17.07.1975. Vgl. hierzu auch ähnliche Bespiele in Schwitalski: Pädagoginnen an Reformschulen, Dissertation 2001, S. 398.

228 Altschüler(In) W. M. zitiert in: Schäfer: Edith Geheeb, 1975, S. 10.

229 Interview mit G. Schaefer-Herzogenrath durch Ellen Schwitalski am 23.11.1994, zitiert in: Schwitalski: Pädagoginnen an Reformschulen, Dissertation 2001, S. 390.

230 Parker: Geliebte Edith, 1975, S. 43.

ständigung mit ihrem Mann Einfluss zu nehmen, wird Edith Geheebs pädagogisches Verständnis vertieft und die Kontinuität der Odenwaldschule in der ihr eigenen reformpädagogischen Ausrichtung bewahrt haben.

Dennoch nutzte Edith Geheeb auch viele andere Gelegenheiten, ihren pädagogischen Horizont zu erweitern. Neben einer entsprechenden Lektüre und gelegentlichen Hospitationen wie beispielsweise in Berthold Ottos Schule in Berlin wirkte sie auch im ‚New Education Fellowship (NEF)' mit. Diese im Deutschen als ‚Weltbund für Erneuerung der Erziehung' bezeichnete Vereinigung war 1921 mit den drei Direktoren Beatrice Ensor, Elisabeth Rotten und Adolphe Ferrière gegründet worden und versammelte in den folgenden Jahren zahlreiche internationale namhafte ReformpädagogInnen in sich. Der NEF zielte vor allem auf „die ganzheitliche Bildung des Menschen unter Einbezug der sozialen, emotionalen und intellektuellen Kräfte in einer weltoffenen Form"[231] ab, sodass internationale Aufgeschlossenheit und Verständigung einen wesentlichen Angelpunkt darstellten. Auch wenn die Deutsche Sektion dieser Organisation offiziell erst 1931 gegründet wurde, trieben die deutschen Mitglieder wie etwa Martin Buber, Peter Petersen, Elisabeth Rotten und Paul Geheeb seit den 20er Jahren den öffentlichen reformpädagogischen Gedankenaustausch im Sinne des NEF stetig voran. Auch die Zeitschrift ‚Das Werdende Zeitalter' als „das deutsche Organ des Internationalen Arbeitskreises für Erneuerung der Erziehung"[232] wirkte als Forum. Zudem nahm die deutsche Gruppe aktiv und erfolgreich an den im Zwei-Jahres-Rhythmus stattfindenden internationalen Konferenzen teil. Da eine dieser Konferenzen 1925 in Heidelberg stattfand, ist anzunehmen, dass auch Edith Geheeb als Mitglied des NEF nicht zuletzt aufgrund der unmittelbaren räumlichen Nähe zur Odenwaldschule an ihr teilnahm. Fest steht jedoch, dass Edith Geheeb auch 1929 bei der Konferenz in Helsingör vertreten war, auch wenn nicht belegt ist, ob und in welcher Form sie sich – neben der Teilnahme an zahlreichen Vorträgen – in den angebotenen thematischen Arbeitsgruppen beschäftigte. Auch hier stand sie eher im Hintergrund oder wurde dorthin gedrängt, wie eine Altschülerin Paul Geheeb gegenüber bemängelte:

> Die Artikel sind ja alle nur Quatsch, wie Zeitungsartikel gewöhnlich. [...] Es ist doch viel Schwindel in der Welt. Warum haben sie denn nie was von Edith geschrieben? Sie ist doch Deine Frau und gehört zu Dir. Das finde ich nicht

231 Röhrs: Der Weltbund für Erneuerung der Erziehung, 1995, S 16.

232 Röhrs: Die Reformpädagogik, 1991, S. 84. Vgl. hierzu auch Haubfleisch; Link: Das Werdende Zeitalter, 1994.

recht. Du musst sie mehr vorschieben, denn sie tut doch auch viel bei Euch. Nächstes Mal muss sie auch mit abgebildet sein.[233]

3.4 Edith Geheeb als Privatperson

Die Aufgaben, welche Edith Geheeb in der Odenwaldschule erfüllte, erstreckten sich also über ein breites Spektrum von solchen der finanziellen Verwaltung und organisatorischen Leitung bis hin zu der individuellen Sorge für die Kinder und einem – wenn auch eingeschränkten – Wirken in der Öffentlichkeit. Entscheidend für die Bewältigung dieses umfangreichen Arbeitspensums war jedoch auch die Kompensierung des damit verbundenen Stresses im Privatleben bzw. das Ausmaß, in welchem Edith Geheeb ihre persönlichen Bedürfnisse befriedigt sah. Da ihre private Situation also durchaus in enger Verbindung mit ihrem Arbeitsalltag stand, soll deren grobe Entwicklung im Folgenden kurz zur Sprache kommen.

Die Beziehung zu ihrem Mann Paul Geheeb war dabei von entscheidendem Einfluss, zumal sie sich zum Teil äußerst schwierig gestaltete. Wie sich in den ersten Monaten ihrer Ehe bereits andeutete[234], war Paul Geheeb von Anfang an darauf bedacht, seine langjährigen Freiräume in ihrer bisherigen Form zu erhalten. Die freie Zeit, die er nachdenkend, mit seinen Tieren oder im Wald verweilte, verbrachte er – wie auch in der Regel die Sonntage – stets allein und war in dieser Zeit auch für seine Frau kaum ansprechbar. Darüber hinaus wohnten die Geheebs getrennt, worüber sich Hedwig Cassirer mehr als einmal bitterlich und zänkisch beschwerte:

> Stets nehmen sich Andere Deiner Frau an! Ist das eine Ehe, die Du führst? Neben Deinem Schlafzimmer wird das ihr gebührende Zimmer zur Bibliothek eingerichtet. Sie schläft oben. Nachtwandelnd wird sie in fremden Zimmern angetroffen, bis sich Andere ihrer annehmen und sie bewachen, damit ihr kein Leid geschehe.[235]

Entscheidend war neben der wenigen gemeinsam verbrachten Zeit jedoch, dass sich Paul Geheeb in gewisser Weise als sehr verschlossen erwies. Obwohl er sich im Laufe seiner erzieherischen Tätigkeit immer wieder in sehr persönlicher und anteilnehmender Weise seiner Schüler und Schülerinnen angenommen hatte und auch darüber hinaus zum Teil tiefe Freundschaften pflegte, die auf ernsten, andauernden Gesprächen beruhten, wurde zugleich immer wieder deutlich, dass er mit Kritik an

233 AOSO, Gertrud Forst an Paul Geheeb, 09.09.1929.
234 Vgl. Kapitel 3.1.
235 AEdH, Hedwig Cassirer an Paul Geheeb, 28.12.1927, zitiert nach Biodaten Näf.

seiner eigenen Person und Persönlichkeit nur sehr schlecht umgehen konnte[236]. Auch wenn Aussagen über die Beziehung der beiden Ehepartner letztlich immer nur interpretativen Charakter haben können, zeichnet sich ein recht deutliches Bild davon ab, dass Paul Geheeb aufgrund eines in dieser Hinsicht instabilen Selbstwertes eine zu große Intimität fürchtete und zu einem persönlichen inneren Dialog mit seiner Frau nicht wirklich in der Lage zu sein schien:

> Als Partner, als Geliebter, als Gleicher unter Gleichen fühlte er sich dazu nicht sicher genug, und wenn sein Inneres einmal aufbrach, er nicht mehr der im Grunde unpersönliche, über den Dingen stehende Weise war, dann war es wie ein Zusammenbruch; auch dann war ein Gespräch nicht möglich, man konnte nur zusehen wie der Schmerz, die Verwirrung allmählich wieder vorübergingen, und Geheebs äußere Gelassenheit und Ruhe zurückkehrten.[237]

In Folge dessen scheute er allzu große Nähe und vermochte derartige an ihn gestellte Forderungen nicht zu erfüllen.

Edith Geheeb hingegen erwartete diese Nähe von ihrer Ehe und sehnte sich nach mehr geistiger Gemeinschaft und einem stetigen inneren Austausch mit ihrem Mann. In ihren Briefen aus dieser Zeit wird deutlich, wie sehr sie sich bemühte, Paul Geheeb für einen solchen Dialog zu gewinnen, und auch, dass sie immer wieder damit scheiterte: „Immer wieder Aufbäumen und dann resignierendes und zugleich anerkennendes Aufgeben –, das ist eine innere Bewegung, die Ediths Verhältnis zu ihrem Mann während Jahrzehnten prägen wird"[238]. Das unerfüllte Bedürfnis nach Nähe führte bei Edith Geheeb zunehmend zu psychischen Krisen in Form von Angstzuständen und Depressionen, zumal sie auch gerade in den ersten Jahren in der Odenwaldschule noch keine wirklichen eigenen Freundschaften besaß. Wie sie trotz dieser Depressionen ihrer Arbeit als Pädagogin nachzugehen vermochte, ist im Einzelnen schwer nachzuvollziehen. Hinzu kam die permanente Überlastung durch die Arbeit und die fehlende Anerkennung dafür, denn auch gerade Paul Geheeb sprach immer wieder von „seiner Schule", ohne den immensen Einsatz seiner Frau öffentlich zu würdigen[239].

Das Nebeneinander der Geheebs und die Traurig- bzw. Einsamkeit Edith Geheebs blieb auch anderen nicht verborgen, wenn es auch öffentlich nicht thematisiert wurde und Edith Geheeb stets bemüht war, ihre

---

236 Vgl. Näf: Paul Geheeb, 1998, S. 379f.
237 Näf: Paul Geheeb, 1998, S. 379.
238 Ebda. S. 379.
239 Vgl. hierzu Schwitalski: Pädagoginnen an Reformschulen, Dissertation 2001, S. 241f.

persönlichen Probleme zu verbergen und nicht in ihre Arbeit mit hineinzutragen[240]. Eine ehemalige Mitarbeiterin stellte beispielsweise fest:

> Aber ich sehe sie nie als Eheleute. Kein Blick, keine Geste. Wenn ich an Edith denke, spüre ich ein zartes Gefühl im Herzen. Denn Edith ist die Einsamste von uns allen. [...] Aus der Nähe gesehen tun ihre müde und ihre sehr einsame Augen mir immer sehr leid.[241]

Aber auch Schüler fanden: „Sie hat es schwer und ist immer so schrecklich traurig, besonders wenn sie lacht. Dann denke ich immer, sie müßte doch auch anders lachen können"[242]. Der Altschüler Erwin Parker meinte sogar zu wissen, „daß Du vielleicht manchmal heimlich gar weintest"[243]. Auch wenn diese Probleme im ehelichen Miteinander nicht mit unaufrichtigen Gefühlen für einander verwechselt werden dürfen, führte die daraus resultierende schwere psychische Belastung in Verbindung mit dem enormen Arbeitspensum 1912 schließlich zu einem ersten totalen Zusammenbruch Edith Geheebs, nach dem sie sich für längere Zeit in dem Sanatorium von Dr. Laudenheimer in Alsbach und anschließend für fast zwei Monate in Rom aufhielt[244]. Solche Krisen wiederholten sich in den folgenden Jahren des Öfteren und wurden erst nach einer Psychoanalyse, die Edith Geheeb mit Alwine von Keller in den 40er Jahren durchführte[245], deutlich entschärft.

Trotz ihres persönlichen Unerfülltseins und den damit verbundenen Krisen stellte sie jedoch ihre privaten Bedürfnisse in der ihr eigenen Selbstlosigkeit und Bescheidenheit stets hintenan und verhielt sich ihrem Mann gegenüber immer loyal. Selbst mit seinen bisweiligen außerehelichen Beziehungen vermochte sie letztlich umzugehen. Auf die vorsichtig formulierte Nachfrage eines Freundes, wie sie denn mit dem nicht immer bequemen Paul Geheeb zusammenleben konnte, entgegnete sie nur scheinbar lapidar: „Aber versteh doch, ich habe ihn doch geliebt!"[246]

Da Edith Geheeb also allmählich akzeptierte, dass ihre Ehe – als eine „Verbindung, die im Dienst einer sozialen Verpflichtung stand"[247] –

---

240 Inwieweit es Edith Geheeb jedoch tatsächlich gelang, etwa ihre Erziehungsarbeit weitestgehend unabhängig von ihren eigenen Problemen und Gefühlen zu gestalten, ist natürlich sehr fraglich.

241 Hamaker-Willink: Die gänzliche Verantwortung tragen, 1985, S. 558.

242 Altschüler(In) M. S. zitiert in: Schäfer: Edith Geheeb, 1975, S. 11.

243 Parker: Geliebte Edith, 1975, S. 43.

244 Die Verantwortung für diesen Zusammenbruch wies sie später weniger der physischen Überarbeitung als vielmehr der Zurückweisung durch ihren Mann zu. Vgl. Schwitalski: Pädagoginnen an Reformschulen, Dissertation 2001, S. 243.

245 Vgl. Kapitel 4 und 5.3.

246 Kramm: Meine liebste Edith, 1975, S. 99.

247 Ebda., S. 101.

stets ihrer Arbeit untergeordnet sein würde, lernte sie auch zunehmend, ihre privaten Wünsche auf andere Weise zu erfüllen.

Ihrer permanenten Arbeitsüberlastung begegnete sie, indem sie der Odenwaldschule immer wieder für begrenzte Zeit den Rücken zukehrte und auf Reisen ging, sei es nach Rom, wo ihr Bruder und seine Frau lebten, ans Meer oder zu anderen in- und ausländischen Bekannten in Europa. Auch mit ihrer Familie, die ihr nach wie vor Rückhalt bot und sehr um ihr Wohlergehen in ihrem neuen Lebensumfeld besorgt war, stand sie weiterhin in regem Kontakt. Allerdings hielt sie sich ihrem Vater und ihrer Mutter gegenüber mit einer allzu ausführlichen Beschreibung ihrer Eheprobleme zurück, um sie nicht zu sehr zu beunruhigen und sich zudem nicht dem Druck ständiger Rechtfertigungen auszusetzen.

Aber auch an der Odenwaldschule selbst entwickelten sich für Edith Geheeb zunehmend engere Kontakte, wie zum Beispiel mit dem Bildhauer Philipp Harth[248], sodass sie einen persönlichen Austausch und Freundschaft auch außerhalb ihrer Ehe fand.

Für ihre persönliche Entwicklung war aber auch die zunehmende Beschäftigung mit der indischen Kultur und Religion von entscheidender Bedeutung, wie sie selbst konstatierte: „Ich habe viel Schweres, aber auch viel Beglückendes erlebt. Eine Kraftquelle war für mich die Begegnung mit der indischen Philosophie und mit tief religiösen indischen Menschen“[249]. Diese Begegnung wurde durch die zunehmenden Kontakte der Odenwaldschule zu indischen Persönlichkeiten initiiert. Dem Besuch Baghawas, einem Freund Ghandis, und dem von Rabindranath Tagore, dem bekannten Philosophen und Dichter, folgten weitere reformpädagogisch interessierte Inder. V.N. Sharma etwa arbeitete nach einem solchen Besuch ca. fünf Jahre an der Odenwaldschule, heiratete später die Tochter Alwine von Kellers und eröffnete mit ihr nach dem Vorbild der Geheebschen Institution die Children`s Garden School in Madras. Edith Geheeb trieb ihre indischen Studien und Kontakte seit den 20er Jahren konsequent voran, sodass diese Auseinandersetzung mit dem Indischen und den dahinter stehenden Überzeugungen und Wertvorstellungen zu einem festen Halt in ihrem Leben wurde und ihr auch über ihre Ehekrisen und Erschöpfungszustände hinweghalf[250]. Aufgrund des

---

248 Der vor allem durch seine Tierplastiken bekannt gewordene Bildhauer Philipp Harth (1888-1968) war seit ca. 1916 sowohl mit Edith als auch mit Paul Geheeb befreundet und lebte von 1916 bis 1924 zeitweise im Odenwald. Vgl. dazu auch Esser: Philipp Harth, 1975.

249 Geheeb, Edith: Aus meinem Leben, 1975, S. 37.

250 Später lernte sie sowohl Sanskrit, als sie auch zusammen mit Alwine von Keller eine Vedanta-Gesellschaft zu gründen versuchte. Vgl. Kapitel 4.2.

deutsch-indischen Austauschs der Schule lernte sie auch Aurobindo Bose kennen, einen studierten Physiker, der unter anderem als Übersetzer arbeitete, im Wesentlichen aber erwerbslos war und demzufolge von Edith Geheeb und anderen Freunden unterstützt wurde. In Aurobindo Bose fand Edith Geheeb einen lebenslangen, sehr engen Freund, der monateweise und später auch ganz in ihrer Nähe wohnte und ihr einen geistigen Austausch bieten konnte, der ihren eigenen Interessen und Bedürfnissen entsprach. Nicht zuletzt auch auf ihren vielen gemeinsamen Reisen fand sie somit eine Nähe, die ihr Paul Geheeb in dieser Form nicht geben konnte, auch wenn sie ihm nach wie vor treu und liebevoll verbunden blieb[251].

Auch wenn Edith Geheeb ihrem privaten Wohlergehen aus psychohygienischen Gründen mehr und mehr Verwirklichung zugestehen musste, war ihr Leben in der Odenwaldschule doch nach wie vor wesentlich von ihrer unermüdlichen Arbeit geprägt. Dieses Wirken wurde jedoch durch den wachsenden Einfluss der Nationalsozialisten zunehmend gefährdet, bis schließlich die Emigration den einzigen Ausweg bot. Im folgenden Kapitel sollen die Einschränkungen der Odenwaldschule durch die nationalsozialistische Diktatur, der Weg ins Schweizer Exil sowie die dortige Suche nach einem geeigneten Ort für die Ecole d'Humanité kurz skizziert werden, vor allem um die problematischen Voraussetzungen des Schullebens zu veranschaulichen. Allerdings werden diese Jahre (1934-1946) im Gesamtbild dieser Arbeit eher deskriptiven als umfassend analytischen Charakter haben, um das Hauptaugenmerk auf Edith Geheebs Schaffen an den etablierten Schulen richten zu können. Da jedoch auch gerade ihr bei der langen Suche nach einer endgültigen Niederlassungsmöglichkeit und bei der täglichen Sorge um das Überleben der Schule entscheidende Bedeutung zukommt, verdeutlicht dieser Abschnitt vor allem auch Edith Geheebs Selbstverständnis als Pädagogin und praktische Schulleiterin.

---

251 Von dieser Treue zeugt vor allem der andauernde geistige Austausch der beiden, der sich unter anderem in ihrer Korrespondenz widerspiegelt. Vgl. AEdH, Korrespondenz Edith und Paul Geheeb.

4. Repressionen während der NS-Zeit und die Emigration in die Schweiz

4.1 Der Nationalsozialismus

Während ihr Mann den wachsenden Einfluss der Nationalsozialisten in Deutschland schon in der letzten Zeit der Weimarer Republik als zunehmende Bedrohung ihrer gemeinsamen Arbeit an der Odenwaldschule verstanden hatte, wies Edith Geheeb diesen Gedanken zunächst weit von sich[252]. Mit der so genannten Machtergreifung der NSDAP im Januar 1933 und der darauf folgenden Machtausweitung wurde jedoch auch ihr sehr schnell deutlich, dass die Umsetzung der humanistischen Ideale und pädagogischen Überzeugungen, auf welchen die Odenwaldschule beruhte, in ihrer bisherigen Form nur mit schwerwiegenden Konsequenzen hätte fortgesetzt werden können. Sehr schnell waren die Institution als solche und die Mitarbeiter im Besonderen Repressionen durch die Nationalsozialisten ausgesetzt.

In einem ersten Schritt der Machtausweitung in Hessen wurden alle höheren Regierungsbeamten durch treue Nationalsozialisten ersetzt: Hessischer Ministerialrat der Abteilung II des Staatsministeriums (Erziehung und Kultur)[253] wurde demzufolge Friedrich Ringshausen und speziell für die Belange der Odenwaldschule war Ministerialdirektor Rudolf Blank zuständig. Auch wenn sich diese beiden in ihren Positionen und in ihrer Herangehensweise zu einzelnen Fragestellungen durchaus unterschieden, gingen beide doch von Anfang an entschieden gegen die bisherige Form dieser privaten Schule vor, deren Milieu sie als kommunistisch, jüdisch und intellektuell beargwöhnten[254]. Schon am 7. März 1933 fand eine erste Durchsuchung der Schule durch die SA statt, bei der ‚verdächtige' kommunistische Literatur gefunden wurde. Ausschlagge-

---

252 Sein brieflich geäußertes Anliegen an sie: „Wir müssen uns vornehmen, unsere Ideale nicht herabzuschrauben und beisammenzustehen, um unsere Schule überlebend zu machen" begriff Edith Geheeb zunächst als „reineweg verrückt" und überzogen. Vgl. AEdH, Interview mit Edith Geheeb durch Dr. Otto Kopp, Luzern 1970, S. 32. Auf der anderen Seite zeigte Paul Geheeb jedoch auch eine gewisse ‚politische Blindheit', indem er dem Vorwurf von Seiten der Schüler und Mitarbeiter, die Odenwaldschule bereite nur ungenügend auf die politische Wirklichkeit in Deutschland vor, mit der Einrichtung des Wartesystems begegnete. Auch wenn es sich dabei um eine pädagogische Reform handelte, welche das Verantwortungsbewusstsein des Einzelnen massiv förderte, wurde die Notwendigkeit einer klaren und aktuellen Verteidigung der Demokratie als solcher verschleiert. Vgl. Shirley: Radikaler Humanismus, 1994, S. 251.

253 Vgl. Höffkes: Hitlers politische Generäle, 1986, S. 271.

254 Zu diesem Anstoß erregenden Milieu, dem liberalen Charakter der Schule, ihrer internationalen und religiösen Offenheit sowie zur Koedukation vgl. Kapitel 3.1.

bend für den vergleichsweise frühen Zeitpunkt[255] dieser Durchsuchung waren zum einen die Denunziation Paul Geheebs durch einen Mitarbeiter[256] und zum anderen die persönlichen Motive des jungen Heppenheimer SA-Angehörigen Goerendt[257] der Familie Cassirer gegenüber, durch welche die Odenwaldschule zusätzlich in Misskredit und anhaltende Gefahr geriet. Dieser ersten Durchsuchung folgten jedoch im Laufe des nächsten Jahres einige weitere, die zunehmend bedrängenderen Charakter hatten und sowohl die vorübergehende Verhaftung des jüdischen und friedensbewegten Mitarbeiters Erich Steinitz nach sich zogen, als auch langwierige Interviews durch Ringshausen mit zahlreichen Schülern und Mitarbeitern zur Folge hatten, in welchen jener Anhaltspunkte für die antinationalsozialistische Grundhaltung der Beteiligten zu finden hoffte.

In Folge dessen wuchs zwar die allgemeine Empörung in der Schule, aber auch Unsicherheit und Misstrauen fanden schnell ihren Weg in die OSO-Gemeinschaft und veränderten deren Atmosphäre dadurch nachhaltig. Vor allem jedoch durch die von den Nationalsozialisten initiierten zunehmenden formalen Veränderungen des alltäglichen Schullebens, welche im Folgenden noch genauer beschrieben werden sollen, manifestierte sich dieser andere Charakter immer mehr und stellte die Identität der Odenwaldschule in Frage.

Doch auch die Bedrohung einzelner Personen nahm rasch zu. Nachdem Edith Geheeb besagten Erich Steinitz mit Hilfe des von ihr engagierten und durchaus prominenten Anwalts Heinrich von Brentano aus dem Gefängnis holen konnte, versteckte sie Steinitz auch während der nächsten Schuldurchsuchung und verhalf ihm sowohl durch ihre finan-

---

255 Vgl. Shirley: Politics of progessive education, 1992, S. 91: „Apparently, the Odenwaldschule was high on the local Nazi's list of enemies, for the search of the school occurred on the same day and even prior to the Nazi occupation of far more obvious political targets such as the Hessian Social Democratic Party headquarters, the local offices of the Social Democratic newspaper, the Hessian Ministry of the Interior, and the apartement of Hessian President Adelung".

256 Paul Geheeb hatte bereits vor 1933 entgegen aller kritischen Stimmen den nationalsozialistischen Verlobten einer sehr begabten Mitarbeiterin als Geschichtslehrer eingestellt. Geheebs Äußerungen in einer Schulgemeinde, die Nationalsozialisten seien eine ‚Verbrecherbande', wurden von diesem sofort den entsprechenden Stellen gemeldet. Vgl. AEdH, Interview mit Edith Geheeb durch Dr. Otto Kopp, Luzern 1970, S. 32.

257 Werner Goerendt war der Sohn eines ehemaligen leitenden Angestellten in einer von Max Cassirers Fabriken in Schlesien. Nach Behauptung der Familie Goerendt wurde der Vater Clemens Goerendt von Cassirer entlassen, andere Darstellungen legen eine Kündigung von Goerendts Seite zu Grunde. Obwohl Goerendt einen Prozess um etwaige Zahlungsverpflichtungen Max Cassirers verlor, erklärte dieser sich bereit, eine monatliche Pension von 200 RM bereitzustellen. Die dann nach Heppenheim gezogenen Goerendts müssen Max Cassirer dennoch auf privater Ebene verleumdet haben, wodurch letztlich der große Hass Werner Goerendts entstand.

zielle als auch organisatorische Unterstützung zur Flucht in die Schweiz[258]. Auch das Leben Paul Geheebs war direkt durch die Möglichkeit einer Inhaftierung in dem nahe gelegenen Konzentrationslager Osthofen bedroht, in das bereits zahlreiche ‚unerwünschte" Personen der Umgebung abtransportiert worden waren. Aufgrund ihres jüdischen Hintergrunds befanden sich zudem auch Edith Geheeb selbst und die Cassirers in erhöhter Alarmbereitschaft[259], zumal Max Cassirer offizieller Eigentümer der Schule war.

Angesichts dieses zunehmenden Drucks auf die Odenwaldschule waren die Geheebs gezwungen, eine Strategie zu entwickeln, welche sowohl ihren Grundüberzeugungen entsprach als auch das Leben und Wohlbefinden der ihnen anvertrauten Personen sicherte. Paul Geheeb suchte deshalb von Anfang an bei allen zuständigen öffentlichen Stellen nach Unterstützung und Schutz, indem er betonte, dass die apolitische und ‚überzeitliche" Haltung der Schule eine Vereinbarkeit ihrer pädagogischen Ideale mit denen des Nationalsozialismus grundsätzlich ermögliche[260]. Nach außen hin versuchte er also durchaus, sich zu arrangieren und den Verantwortlichen entgegenzukommen. Anhand der von ihm geführten sicheren Korrespondenz[261] zeigte sich jedoch zugleich, dass er die politischen Entwicklungen unerträglich fand und parallel zu seinem kompromissbereiten Verhalten den Nationalsozialisten gegenüber die Emigration der Schule vorbereitete. Schon Mitte März 1933 bat Paul Geheeb deswegen seinen Schweizer Freund und Kollegen Adolphe Ferrière um Hilfe[262]. Auch wenn diese Doppelstrategie den Konflikt zwi-

258 Vgl. Shirley: Politics of progessive education, 1992, S. 98.

259 Auch Edith Geheebs Bruder Kurt Cassirer wurde von der SA bei den Durchsuchungen körperlich misshandelt. Vgl. Paul Geheeb an Dr. Werner, 13.03.1033, abgedruckt in: Schäfer: Paul Geheeb, 1970, S. 145.

260 Vgl. Paul Geheeb an Dr. Rudolf Blank, 24.04.1933, abgedruckt in: Schäfer: Paul Geheeb, 1970, S. 152-154.

261 Wann immer es ihnen möglich war, nutzten die Geheebs die Möglichkeit, Briefe über ins Ausland reisende und vertrauenswürdige Bekannte mitzugeben und so der Überwachung durch die Nationalsozialisten zu entgehen.

262 Auch wenn die Geheebs direkte Übersiedlungsangebote aus Holland bekamen, zog Paul Geheeb die Schweiz vor, die er „hundertmal sympathischer" und auch aus landschaftlichen und sprachlichen Gründen zweckdienlicher fand. Mit dem Reformpädagogen Adolphe Ferrière (1879-1960), der sich u.a. auch sehr stark für den NEF engagierte, verband ihn bereits eine jahrelange und sehr enge Freundschaft. Dessen Interventionsversuche bei der Schweizer Regierung sowie bei den einzelnen Kantonen hatten jedoch keinen Erfolg, da die Schweiz Emigrationen als solchen bereits sehr ablehnend gegenüberstand. Diese Ablehnung verschärfte sich zudem durch die schwierige wirtschaftliche Lage der Schweizer Privatschulen, aufgrund derer man jegliche weitere Konkurrenz vermeiden wollte. Vgl. Paul Geheeb an Adolphe Ferrière, 30.04.1933, abgedruckt in: Schäfer: Paul Geheeb, 1970, S. 155-156; Shirley: Politics of progressive education, 1992, S. 94, 112, 126.

schen seinen eigentlichen Überzeugungen und den tatsächlichen Zugeständnissen an die Nationalsozialisten nicht lösen konnte, ermöglichte sie Paul Geheeb doch eine größtmögliche Flexibilität in dieser neuen Situation.

Nach eigenen Aussagen blieb Edith Geheeb an diesen grundsätzlichen Entscheidungen relativ unbeteiligt, auch wenn sie natürlich mit dem Problem in gleicher Weise wie alle anderen konfrontiert war und den Nationalsozialismus grundlegend ablehnte:

> Nun war das so, dass der Paulus .... mich ja nie gefragt hat, nicht wahr, was er tun sollte, sondern er hat ja immer alles gemacht, wie es ihm passte und wie er wollte. Aber im letzten Moment ist er dann immer doch noch zu mir gekommen und hat mich überredet .... nicht wahr, Du lässt mich doch jetzt nicht im Stich, nicht wahr.[263]

Und letztlich bewies Edith Geheeb trotz aller eigenen Bedenken und Zweifel stets Loyalität zu den Entscheidungen ihres Mannes, weshalb auch alle Versuche höherer NS-Beamter, über sie Einfluss auf die Haltung Paul Geheebs zu nehmen, zwangsläufig scheitern mussten[264].

Da die Odenwaldschule zunehmend formale Auflagen von Seiten der Nationalsozialisten zu erfüllen hatte, wurde auch der Spielraum der beschriebenen Doppelstrategie fortschreitend enger: Während die vorgeschriebene nationalsozialistische Ausgestaltung einer aufgrund der Machtergreifung angeordneten Schulfeier durch eine eigenwillige Interpretation der Beteiligten noch geschickt abgeschwächt werden konnte[265], mussten die Geheebs im April 1933 die volle Aufhebung der Koedukation[266] und die teilweise Ersetzung des Lehrerkollegiums durch nationalsozialistisch gesonnene Assessoren akzeptieren. Auf eine Schulschließung bzw. Emigration zu diesem frühen Zeitpunkt war man einfach nicht vorbereitet. Drei weitere, wiederum aufgrund einer Denunziati-

263 AEdH, Interview mit Edith Geheeb durch Dr. Otto Kopp, Luzern 1970, S. 35.

264 Etwa Ministerialdirektor Blank bat sie ausdrücklich darum, Paul Geheeb zu einem Gesinnungswandel im Hinblick auf den Nationalsozialismus zu bringen. Vgl. AEdH, Interview mit Edith Geheeb durch Dr. Otto Kopp, Luzern 1970, S. 33f.

265 In dieser Feier wurden die Vorgaben der Nationalsozialisten nur minimal erfüllt. Die neue national-sozialistische Regierung und die Hakenkreuzflagge wurden zwar thematisiert, aber in keiner Weise gewürdigt. Zudem fand mit einem Vortrag von Fichtes ‚Reden an die deutsche Nation‘ eine Integration der ursprünglichen ‚Heroen‘ der Odenwaldschule in die Festlichkeiten statt. Vgl. Shirley: Politics of progressive education, 1992, S. 96.

266 Jungen und Mädchen mussten von da an in getrennten Häuser leben, zudem gab es zunehmend Kurse und Projekte, die geschlechtsgetrennt stattfanden. Nach der Emigration der Geheebs wurde auch der Unterricht nach Jungen und Mädchen eingeteilt. Vgl. Paul Geheeb an Adolphe Ferrière, 30.04.1933, abgedruckt in: Schäfer: Paul Geheeb, 1970, S. 155-156; Shirley: Politics of progressive education, 1992, Kapitel 5 und 11.

on[267] im Juli 1933 erlassene Verfügungen gegenüber der Odenwaldschule veränderten ihren ursprünglichen Geist noch radikaler und wurden von Paul Geheeb nur unter direkter Androhung einer KZ-Inhaftierung akzeptiert. Das Wartesystem wurde demzufolge wieder aufgehoben und durch hierarchische Strukturen (‚Führerprinzip') ersetzt. Zudem wurde Paul Geheeb durch Blank gezwungen, die Leitung der Schule offiziell mit dem Mitarbeiter und Parteimitglied Dr. Freidank zu teilen, wodurch er gleichsam unter direkter Aufsicht stand. Den vielleicht entscheidendsten Eingriff stellte jedoch das Verbot die Schule zu schließen dar, mit dem die Nationalsozialisten einen öffentlichen Protestakt gegen ihre Regierung unterbinden und sich zugleich den weiteren Missbrauch des prominenten Namens ‚Geheeb' für ihre eigenen Propagandazwecke sichern wollten.[268]

Vor allem aufgrund dieser Maßnahmen, aber auch in Folge der zunehmenden Militarisierung der Schule durch die Hitlerjugend und des dadurch veränderten Umgangstons untereinander[269] stand der Entschluss zur Emigration für die Geheebs schon im Sommer 1933 fest, auch wenn er natürlich nicht öffentlich geäußert werden konnte.

Aufgrund des Verbots, die Schule zu schließen kam man insgeheim überein, ihr durch allmähliche Abmeldungen von Seiten der Eltern die finanzielle Basis zu entziehen, sodass die Geheebs letztlich aus offensichtlich apolitischen Gründen gezwungen sein würden, ihre Arbeit einzustellen. Die Durchsetzung dieses Plans verlangte jedoch einige Geduld, da ein nicht geringer Teil der Schüler das Abitur im Frühjahr 1934 noch an der Odenwaldschule sollte ablegen können. Auch die erforderlichen Briefe an die Eltern konnten von Paul Geheeb und seiner Sekretärin Lisbeth Hartig nur während der Ferien von der Schweiz aus geschrieben werden, da jegliche Post von und an die Odenwaldschule kontrolliert wurde. Zudem war es natürlich erforderlich, dass die Mehrheit der Eltern diesem Vorgehen überhaupt zustimmte, über die geplante Emigration schwieg und darüber hinaus apolitische Gründe für die Abmeldung ihrer Kinder geltend machte[270].

267 Auch wenn es letztlich nicht genau belegt werden kann, sprechen einige Indizien dafür, dass diese Denunziation von dem gleichen Mitarbeiter ausging, welcher Geheebs antinazistische Äußerungen auch schon im März 1933 an die Regierung weitergeleitet und inzwischen eine Assistentenstelle bei dem national-sozialistischen Pädagogen Ernst Krieck übernommen hatte. Vgl. Shirley: Politics of progressive education, 1992, S. 122ff.

268 Für eine ausführliche Darstellung der genannten Repressionen vgl. Shirley: Politics of progressive education, 1992, Kapitel 6.

269 Vgl. Shirley: Politics of progressive education, 1992, S. 116.

270 Vgl. hierzu: Paul Geheeb an einen Schüler, 11.08.1933, abgedruckt in: Schäfer: Paul Geheeb, 1970, S. 161-163; Ullmann: Ecole d'Humanité, Examensarbeit 1964, S. 47 Anm.

Während des Herbstes 1933 gestaltete sich die Situation an der Odenwaldschule immer angespannter. Auch das Verhältnis zwischen Paul Geheeb und seiner Frau sowie das zwischen ihm und der Familie Cassirer überhaupt entwickelte sich äußerst schwierig. Die Cassirers – allen voran Max Cassirer – bedrängten Paul Geheeb, mit den nationalsozialistischen Behörden gütlich zusammenzuarbeiten und etwaige Differenzen zu vermeiden. Max Cassirer schrieb dazu sogar an Paul Geheebs Bruder Reinhold:

> Es ist selbstverständlich, daß der Fortbetrieb auch der Odenwaldschule nur möglich und denkbar wäre, wenn die Grundsätze der nationalsozialistischen Bewegung im Prinzip anerkannt und durchgeführt werden würden. Das kann man tun, ohne hundertprozentiger Nationalsozialist zu sein, ja ich behaupte sogar, daß Paul in seinen Prinzipien vieles angeordnet und durchgeführt hat, was er dem Nationalsozialismus – auch in Schulfragen – vorweggenommen hat.[271]

Diese unter assimilierten Juden der damaligen Zeit durchaus übliche vorsichtige Haltung[272] wurde bestärkt durch das Wissen um das oft impulsive und radikale Handeln Paul Geheebs und der Angst davor, dass im Falle einer Emigration das Anwesen der Odenwaldschule von den Nazis konfisziert werden und in Deutschland bleibende Angehörige verstärkter Verfolgung ausgesetzt sein würden. Auch Edith Geheeb teilte diese Ängste ihrer Familie und schwebte in ständiger Sorge um sie. Zugleich sah sie jedoch auch stets die Gefahr einer Inhaftierung ihres Mannes, der zu weiteren umfassenden Zugeständnissen an die Nationalsozialisten und damit zu einer Aufgabe seiner Ideale in keiner Weise bereit war. Und auch sie selbst hatte ihre anfängliche Naivität dem neuen Regime gegenüber abgelegt[273] und die konsequent ablehnende Haltung Paul Geheebs übernommen. Dadurch geriet sie wieder einmal in die schwierige Lage, zwischen den beiden unversöhnlichen Positionen ihrer

---

130. Die Examensarbeit Ullmanns bietet eine detaillierte Darstellung des Aufbaus der Ecole d'Humanité in der Schweiz und ein Abbild der Schule in den 60er Jahren. Auch wenn Ullmann nicht immer in der heute grundlegenden Weise zitiert, wird doch deutlich, dass seine Darstellung stets auf einer profunden Quellenbasis beruht und seine Interpretationen – von wenigen, etwas pathetisch geratenen Ausnahmen abgesehen – angemessen sind.

271 AOSO, Max Cassirer an Reinhold Geheeb, 02.01.1934. Zu der These, vor allem die an Lietz orientierten Reformpädagogen hätten Elemente der nationalsozialistischen Erziehung quasi vorweggenommen, siehe u.a. auch: Lesanovsky: Schulreformerische Traditionen und nationalsozialistische Schulpolitik in Thüringen, 1998.

272 Vgl. Shirley: Politics of progessive education, 1992, S. 146f.

273 Über ihre anfängliche Haltung gegenüber dem Nationalsozialismus sagte Edith Geheeb selbst: „Ich bin da wirklich zu ungebildet gewesen. Ich habe mir das gar nicht vorgestellt.“ In: AEdH, Interview mit Edith Geheeb durch Dr. Otto Kopp, Luzern 1970, S. 32.

Familie und Paul Geheebs vermitteln zu müssen und mit ihrer eigenen Meinung mitunter geschickt zurückzuhalten: „Edith is in a difficult position. If she were to tell her father politely that she shares my opinion he would throw her out of the house. So she just says I'm crazy and that she can't do anything about it“[274]. In gewisser Weise stand Edith Geheeb durch die Vorwürfe bzw. Ansprüche von beiden Seiten und die gleichzeitige Angst um das Wohl aller ihr nahe stehenden Beteiligten relativ isoliert da.

Die Beziehung zwischen Edith Geheeb und ihrem Mann wurde zusätzlich auch auf privater Ebene erschüttert, da Paul Geheeb seit einiger Zeit eine romantische Beziehung zu der jungen Lehrerin Maria Neumann hatte und ernsthaft mit dem Gedanken spielte, sich scheiden und seine Frau in Deutschland zurückzulassen. Welche Überlegungen ihn schließlich davon abhielten, lässt sich nicht eindeutig feststellen. Allerdings ist überliefert[275], dass Edith Geheeb ihm vor einer etwaigen Scheidung eine Frist von einem Jahr setzte, damit ein solcher Schritt nicht unüberlegt vollzogen würde. Da die außereheliche Beziehung nach Ablauf dieses Jahres jedoch beendet war und Edith Geheeb weiterhin loyal zu ihrem Mann hielt, war von Trennung fortan keine Rede mehr.

Mit den fortschreitenden Schülerabmeldungen während des Herbstes 1933 intensivierten die Geheebs auch die heimlichen Vorbereitungen der Emigration. Mit Willem Gunning, dem Leiter des pädagogischen Instituts Monnier in Pont-Céard im französischsprachigen Teil der Schweiz, war man übereingekommen, seine wirtschaftlich angeschlagene Schule mit den Mitarbeitern und Schülern der Geheebs zu vereinen[276]. Zugleich entpuppte sich Dr. Ludwig Niessen, ein Mitarbeiter des Reichsinnenministeriums, bei erneuten Interventionsversuchen von Seiten Paul Geheebs als ein Fürsprecher der Odenwaldschule. Niessen untergrub als Beamter einer höheren Behörde die Entscheidungen des Hessischen Kultusministeriums und erlaubte – wohl in dem Glauben, dass die erklärte finanzielle Notlage der Schule Tatsachen entsprach – sowohl Kün-

274 Paul Geheeb an Adolphe Ferrière im Januar 1935, zitiert und übersetzt in: Shirley: Politics of progressive education, 1992, S. 174.

275 Vgl. AEdH, Gespräch mit Uri Dotan am 25.09.1984 durch Siglinde Waaser, Herta Petersen und Margot Schiller, in: Korrespondenz Uri Dotan.

276 Noch bevor Adolphe Ferrière mitgeteilt hatte, dass die Schweiz einer eigenständigen Schulgründung durch Paul Geheeb grundsätzlich ablehnend gegenüberstand, hatte jener bereits mit Willem Gunning Kontakt aufgenommen und mit ihm die Zusammenlegung beider Schulen und eine Teilung der pädagogischen Leitung diskutiert. Gunning hatte bereits 1913 auf Anraten Ferrières in der Odenwaldschule hospitiert und Geheeb auch auf den Konferenzen des NEF wiedergetroffen. Vgl. Shirley: Politics of progrssive education, 1992, S. 216.

digungsschreiben an die Mitarbeiter sowie auch im Januar 1934 offiziell die Verlegung der Geheebschen Einrichtung ans Institut Monnier[277]. Zudem stattete er Paul Geheeb mit einem Empfehlungsschreiben an die deutsche Botschaft in Bern aus, in welchem es zweideutig hieß, „dass er im Ausland für Deutschland arbeiten wolle“[278].

In der Zwischenzeit waren jedoch sowohl in der Elternschaft als auch unter den Mitarbeitern der Odenwaldschule Stimmen laut geworden, die eine Fortsetzung der Erziehungsarbeit auch vor Ort in Oberhambach forderten. Auch Max Cassirer begrüßte diesen Plan und erklärte sich bereit, die räumlichen Gegebenheiten an eine solche Folgeeinrichtung zu vermieten. Er deckte sogar den von den Geheebs absichtlich provozierten Fehlbetrag von 50.000 RM, um der im April 1934 gegründeten ‚Gemeinschaft der Odenwaldschule‘ unter der Leitung der beiden langjährigen Mitarbeiter Heinrich Sachs und Werner Meyer den Start zu ermöglichen[279]. Edith und Paul Geheeb standen diesem Vorhaben sehr ablehnend gegenüber. Sie bewerteten diese Initiative ihrer engen Mitarbeiter als Verrat an der gemeinsamen Sache und sahen darüber hinaus die Umstände ihrer eigenen Emigration verschlechtert, weil sich nun doch ein größerer Teil der Eltern für ein Verbleiben ihrer Kinder in Deutschland entschied[280].

Nichtsdestotrotz hielten sie an ihrem Plan fest. Hatte Edith Geheeb noch während der häufigen geschäftlichen Abwesenheit ihres Mannes zu Beginn 1934 allerhand zu tun gehabt, die in der OSO kursierenden Gerüchte über eine Emigration zu zerstreuen[281], war sie nun vollauf damit beschäftigt, den großen Umzug vorzubereiten. Nach der Abiturprüfung am 19. März und der am gleichen Abend stattfindenden letzten Schulgemeinde organisierte sie nicht nur das Einpacken des größten Teils der

---

277 Vgl. Ebda., S. 157ff.

278 Vgl. Ullmann: Ecole d’Humanité, Examensarbeit 1964, S. 47 Anm. 130.

279 Vgl. Ebda. S. 47 Anm. 129; Shirley: Politics of progressive education, 1992, S. 164ff.

280 Auch wenn sich Sachs und Meyer vor allem in den jungen Jahren der ‚Gemeinschaft der Odenwaldschule‘ bemühten, den ursprünglichen Geist der Schule zu erhalten und möglichst wenig Zugeständnisse an den Nationalsozialismus zu machen, waren sie spätestens seit Ausbruch des Zweiten Weltkrieges zunehmend auch dazu gezwungen. Dennoch gibt es auch zahlreiche Beispiele für einen Widerstand gegen das NS-Regime, wie etwa Sachs’ Bemühungen, auch jüdische bzw. halbjüdische KameradInnen oder ‚politisch unkorrekte‘ MitarbeiterInnen aufzunehmen. Nach dem Zusammenbruch des Dritten Reiches zeigten die Geheebs jedoch keinerlei Verständnis für das Verhalten von Sachs und lehnten darüber hinaus auch jede weitere Leitung der Schule durch ihn ab, sodass er – trotz einiger Fürsprachen etwa ehemaliger SchülerInnen und Eltern – schließlich entlassen wurde. Sachs starb kurz darauf. Zur ‚Gemeinschaft der Odenwaldschule‘ und der Position Geheebs siehe v.a.: Shirley: Politics of progressive education, 1992, Kapitel 11 und 12.

281 Vgl. Shirley: Politics of progessive education, 1992, S. 162: „Edith was left with the burden of trying to dispel rumors and create a modicum of stability in this difficult phase“.

Schulbibliothek und der privaten Bücher ihres Mannes, sondern „dazu noch viele Möbelstücke und Geräte für die beabsichtigte Neugründung“[282]. Nachdem Paul Geheeb schon am 31.03.1934 in die Schweiz aufgebrochen war, folgte Edith Geheeb nach dem Abschluss der Schulauflösung eine Woche später mit Maria Neumann, Lisbeth Hartig und 24 KameradInnen[283].

4.2 In Pont-Céard

Die Ausgangsbedingungen im Institut Monnier, das in Pont-Céard im französischsprachigen Kanton Genf gelegen war, bedeuteten – vor allem wenn man sich den Bekanntheitsgrad und den guten internationalen Ruf Paul Geheebs vor Augen führt – einen erheblichen Rückschritt: Die Aktiengesellschaft des Instituts, deren Teilhaber sich vor allem aus dem Leiter Willem Gunning und seinen Verwandten zusammensetzten, besaß erhebliche Schulden und auch Gunning selbst hatte „wenig Talent für das Geschäftliche“ und war „möglicherweise schon beim Bau der Häuser betrogen“ worden[284]. Zudem fanden die Geheebs nur zehn SchülerInnen vor und mussten sich die Leitung der Schule mit Gunning und seiner Frau teilen[285], ein Aspekt, der sich ja schon des Öfteren als sehr konfliktanfällig erwiesen hatte[286]. Willem Gunning erhoffte sich durch das Eintreten der Geheebs vor allem einen Aufschwung seiner Institution.

Schon in seiner Eröffnungsrede der ersten Schulgemeinde am 17. April 1934 umschrieb Paul Geheeb die Vision, die er von dieser neuen Schule hatte. Noch präziser benannte er seine Ziele in der Rede „Die Idee einer Schule der Menschheit“[287], welche er im September des gleichen Jahres vor der Schweizer Sektion des NEF hielt.

Demzufolge dachte er sich die Neugründung in der Schweiz gewissermaßen als eine Höherführung oder konzeptionelle Erweiterung der alten Odenwaldschule. Gerade weil die damalige politische und kulturelle Entwicklung so stark von Nationalismus und Rassismus geprägt war, betonte er, dass „keine andere Macht als die der Erziehung die Menschheit

---

282 Ullmann: Ecole d’Humanité, Examensarbeit 1964, S. 50, Anm. 140.

283 Der Aufbruch der Geheebs stellte also – im Gegensatz zu der weit verbreiteten Meinung, dass sie mehr oder weniger überstürzt flohen – eine geregelte Emigration dar.

284 Ullmann: Ecole d’Humanité, Examensarbeit 1964, S. 52.

285 Nach Aussagen der Altschülerin Theda Henle hatte die Schule damals vier Direktoren: „The school had four principals – Herr und Frau Gunning, Tante Edith und Paulus“. In: Henle: Versoix 1935, 1960, S. 29.

286 Erinnert sei an dieser Stelle vor allem an die Konflikte Paul Geheebs mit Hermann Lietz und Gustav Wyneken, vgl. Kapitel 2.3.

287 Geheeb, Paul: Idee einer „Schule der Menschheit“, [ca. 1953].

zu retten“[288] vermag. Nur ein unermüdliches Streben der schulischen Gemeinschaft nach „wirtschaftliche[r] und kulturelle[r] Kooperation der in Brüderlichkeit miteinander verbundenen Menschheit“[289] und ein Weitertragen dieser Kooperation nach außen könne das menschliche Geschlecht längerfristig auf eine höhere Stufe heben. Auch wenn jedes Kind weiterhin vorrangig in seinem eigenen Kulturkreis aufwachsen sollte und die grundlegenden Prinzipien und Strukturen der Odenwaldschule beibehalten werden sollten, erhob Paul Geheeb an die neue Schule den Anspruch, den Spannungsbogen um Individuum und Gemeinschaft „auf das Verhältnis der Nation zur Menschheit“[290] auszudehnen. Ihm schwebte demzufolge eine Struktur vor, in der alle wichtigen Kulturgemeinschaften in Form von Arbeitsgruppen aus Schülern und Lehrern gleichberechtigt nebeneinander stünden und sich durch einen regen Austausch zu einem vorurteilsfreien Miteinander zusammenfinden könnten. Sieht man von den bedrückenden äußeren Umständen der Emigration einmal ab, wird hier deutlich, dass Paul Geheebs pädagogische Ideale und Vorstellungen in der Schweiz eine Erweiterung erfahren konnten, die ihm die Fortsetzung seiner Arbeit an der Odenwaldschule mit ihrer starken Verwurzelung in der deutschen Kultur nicht hätte bieten können[291].

Die konkrete Umsetzung und Gestaltung dieser so ideal gedachten ‚Menschheitsschule‘ war jedoch vor allem durch die tatsächlichen Gegebenheiten bestimmt. Auch wenn die Schülerzahl im Institut Monnier schon nach relativ kurzer Zeit bereits 60[292] betrug, waren nur fünf Mitarbeiter der alten Schule mitgekommen. Für eine Etablierung des ursprünglichen Gemeinschaftscharakters und des mit ihm verbundenen Wertekanons war die Aktivität der älteren und reiferen SchülerInnen somit unverzichtbar, welche demzufolge – trotz ihres mitunter schweren persönlichen Schicksals im Zusammenhang mit der NS-Diktatur – im Bewusstsein der ihnen auferlegten Verantwortung wesentlich am Aufbau der neuen Schule mitwirkten. Eine ehemalige amerikanische Schülerin verdeutlichte dies in ihren Erinnerungen:

> The students were aggressive, dedicated, and too old for their years. And *they* ran the school. Most of them were refugees from Germany who could

288 Ullmann: Ecole d'Humanité, Examensarbeit 1964, S. 51.

289 Ebda. S. 187.

290 Ebda. S. 64 und S. 191.

291 Hier zeigt sich jedoch auch wieder einmal die für die ReformpädagogInnen so typische Idealisierung und Überschätzung der Möglichkeiten von Erziehung und Schule.

292 Vgl. Ullmann: Ecole d'Humanité, Examensarbeit 1964, S. 79; Shirley: Politics of progessive education, 1992, S. 178.

> pay only an exceedingly small sum each month, some nothing at all. Paulus never turned a pupil away. They were brilliant, defensive, and, many of them, tragically maladjusted. Children who have seen their parents shamed, mistreated and, in some cases, jailed or killed are not children. [...] Under their rigid discipline we worked and studied and worked from the cold early morning exercises until bedtime. Even our recreational moments had to have a purpose.[293]

In dieser schwierigen pädagogischen Situation erwiesen sich auch wieder einmal die pädagogischen Qualitäten Edith Geheebs als tragendes Element: „Tante Edith was our warm friend from start. She unterstood that we were homesick, fed us cookies and sympathy and introduced us to Hindu scholars who spoke English“[294].

Aufgrund der Nähe zu Genf war Edith Geheeb nämlich in der Lage, ihre indischen Studien zu vertiefen und Sanskrit bei Professor Bally zu lernen. Durch „die Ergriffenheit von der Welt der Upanishaden und der Bhagavad Gita, wie sie ihr durch die Mönche des Ramakrishna-Vivekananda-Ordens vermittelt wurde“[295], fand sie darüber hinaus zu einem religiösen Bewusstsein, welches ihr als Halt für all die kommenden existenziellen Nöte dienen sollte. Im Jahre 1936 bemühte sie sich sogar mit Alwine von Keller und „in Zusammenarbeit mit Swami Vivekanda um die Gründung einer Vedanta-Gesellschaft in Deutschland“[296], welche allerdings wohl aufgrund der zunehmend problematischer werdenden politischen Situation nie zustande kam[297].

Doch neben diesen privaten Bemühungen war der Alltag Edith Geheebs im Institut Monnier von Sorgen geprägt, gestaltete sich das Zusammenleben doch auch über die genannten pädagogischen Komplikationen hinaus schwierig. Aufgrund der vorhandenen Schulden und der geringen Schulgelder gestaltete sich die wirtschaftliche Situation unerträglich, zumal auch Max Cassirer aufgrund der für Juden streng limitierten Ausfuhrbedingungen in dieser Hinsicht nicht mehr helfen konnte: „Meistens wurden die Rechnungen aus laufenden Einnahmen bezahlt und es kam z.B. vor, dass die Kinder auf das Frühstück warten mussten, weil der Bäcker nur noch gegen Bargeld liefern wollte“[298]. Demzufolge musste also viel improvisiert werden, was zumeist in Edith Geheebs Aufgabenbereich fiel und ihrem praktischen Geschick entsprach, ihr al-

293 Henle: Versoix 1935, 1960, S. 30f.
294 Ebda. S. 29.
295 Ritsema: Edith Geheeb-Cassirer, 1982, S. 11.
296 Schwitalski: Pädagoginnen an Reformschulen, Dissertation 2001, S. 279.
297 Vgl. ebda. S. 279.
298 Ullmann: Ecole d'Humanité, Examensarbeit 1964, S. 53f.

lerdings auch sehr viel abverlangte: „Als erste und letzte war Edith Geheeb damals unermüdlich auf den Beinen, und zwar aus Sorge um das Wohl der ihnen anvertrauten Kinder“[299].

Auch auf die Angestellten war zum Leidwesen Edith Geheebs wenig Verlass[300]. Das Hauptproblem in dieser Hinsicht stellte jedoch die Zusammenarbeit mit Willem Gunning dar, der eine den Geheebs vollkommen entgegengesetzte Persönlichkeit verkörperte, pädagogisch wenig Geschick besaß und vor allem auf sein eigenes Wohlergehen bedacht war[301]. Anhand zahlreicher kleinerer und größerer Unstimmigkeiten – wie etwa der Diskussion darüber, ob die deutsche oder französische Sprache an dem Institut vorherrschen sollte – verschlechterte sich die Beziehung zwischen den Leitungspersonen so sehr, dass Paul Geheeb die Gründung einer eigenen Schule wieder verstärkt forcierte. Durch die Hilfe Elisabeth Huguenins, die als ehemalige Mitarbeiterin der Odenwaldschule und Schweizer Staatsbürgerin offiziell die Mitleitung einer solchen Schule übernehmen wollte, stiegen die Chancen auf eine Konzession. Auch wenn zwei Versuche erst scheitern mussten[302], erklärte sich 1937 der Kanton Genf dazu bereit, eine solche Schulgründung zu tolerieren. Infolgedessen und dadurch, dass mit einem Weggang der Geheebs die Existenz seines eigenen Instituts stark gefährdet werden wür-

299 Ullmann: Ecole d’Humanité, Examensarbeit 1964, S. 94. Zugleich muss man sich an dieser Stelle zur Verdeutlichung von Edith Geheebs enormer Belastung noch einmal die damals problematische Beziehung zu ihrem Mann und ihre Angst um ihre Familie in Deutschland, welche zunehmend antisemitischen Übergriffen ausgesetzt war, vergegenwärtigen. Max Cassirer emigrierte erst 1938 nach den Geschehnissen der Reichspogromnacht über die Schweiz nach England.

300 Der Buchhalter wirtschaftete beispielsweise lange Zeit in seine eigene Tasche und übte darüber hinaus mit der Köchin Druck auf gewisse Entscheidungsfindungen aus. Vgl. Ullmann: Ecole d’Humanité, Examensarbeit 1964, S. 54.

301 Schon nach einem ersten Zusammentreffen hatte Edith Geheeb ihren Mann vor einer solchen Zusammenarbeit gewarnt: „‚Paulus, da können wir doch nicht hingehen.‘ Na, da hat er gesagt: ‚Ja, wir werden aber hingehen‘“. Gunning liebte seinen Sportwagen, kam oft verspätet zum Unterricht, rauchte in den Andachten und besaß einen Billardtisch; er verkörperte für Paul Geheeb also ein durchweg unerträgliches Vorbild den Kindern gegenüber. Vgl. AEdH, Interview mit Edith Geheeb durch Dr. Otto Kopp, Luzern 1970, S. 35.

302 Trotz der Unterstützung durch ein ‚Initiativkomitee zugunsten der Ecole d’Humanité‘ wies der Kanton Waadt Geheebs Anliegen ab. Auch der Kanton Neuenburg, in dessen Zuständigkeit die von den Geheebs präferierten Gebäude der ehemaligen ‚Clinique du Chanet‘ fielen, lehnte eine Konzession ab, wofür vor allem die Verleumdungen des Verbandes Schweizer Privatschulen verantwortlich gemacht werden können. In einer eigens einberufenen Gemeindeversammlung stellte diese Organisation Geheeb als Nudisten und Kommunisten dar, was Edith Geheeb schließlich zu der Aussage veranlasste, die Schweizer (bzw. die genannte Organisation) seien schlimmer als die Nazis. Vgl. Ullmann: Ecole d’Humanité, Examensarbeit 1964, Kapitel II.2.a; Shirley: Politics of progressive education, S. 177 Anm. 12.

de, willigte Willem Gunning schließlich ein, auf eine Mitleiterschaft zu verzichten und seine Räumlichkeiten an die neue Institution zu vermieten. Am 2. September 1937 wurde die neue Schule schließlich unter dem Namen Ecole d'Humanité[303] feierlich durch Adolphe Ferrière eröffnet[304].

Doch auch ohne die Querelen mit dem mittlerweile verhassten Gunning gestaltete sich die Arbeit weiterhin schwierig. Vor allem nach der Reichspogromnacht 1938 stieg die Anzahl derjenigen jüdischen Eltern stark an, welche endgültig ins Ausland emigrierten und somit ihre Kinder abmeldeten. Die Idee einer Schule der Menschheit konnte bei einer so geringen Kinderzahl[305] natürlich nur sehr bedingt realisiert werden. Zudem empfanden die Geheebs die Lage der Schule an einer Landstraße als unpassend für ein Landerziehungsheim.

In jenem Herbst 1938 spitzte sich der Konflikt mit Gunning erneut zu: Unter dem Vorwand „der Geschäftsführer hätte ihn betrogen und deshalb müsste er ins Haus"[306], zog er wider die vertraglichen Regelungen erneut im Institut Monnier ein. Schließlich kündigte Gunning den Geheebs aufgrund der enormen Verschuldung seiner Aktiengesellschaft in den Weihnachtsferien 1938, welche jene mit ihren SchülerInnen in einem kleinen Gasthaus auf den Playaden verbrachten, ihren Vertrag fristlos[307] und verbot ihnen, im neuen Jahr nach Pont-Céard zurückzukehren.

4.3. Auf den Playaden

Die Geheebs waren also gezwungen, auch ihr übriges Eigentum auf die Playaden[308] zu transportieren, wo ihnen die Besitzer des Gasthofes finanziell sehr entgegenkamen, und zudem auch Adolphe Ferrière sein

303 Der französische Name war vor allem durch die Lage der Schule in einem französischsprachigen Kanton begründet. Das Französische Ecole d'Humanité empfand Paul Geheeb auch als weniger prätentiös gegenüber dem deutschen Ausdruck ‚Schule der Menschheit', zumal in der französischen Form auch die Dichotomie ‚Menschheit' versus ‚Menschlichkeit' enthalten ist. Vgl. AEdH, Paul Geheeb an Adolphe Ferrière, 11.08.1937, zitiert nach Biodaten Näf.

304 Paul Geheeb lag zu dieser Zeit wegen einer komplizierten Mittelohrentzündung im Krankenhaus. Dass Ferrière und nicht Edith Geheeb die Eröffnung übernahm, sagt m.E. viel über das Verständnis Paul Geheebs von ‚seiner' Schule und über sein (Arbeits)verhältnis zu seiner Frau aus.

305 Nach Shirley hatte sich die Schülerzahl bis zum Dezember 1938 auf knappe 30 halbiert. Vgl. Shirley: Politics of progressive education, S. 178.

306 AEdH, Interview mit Edith Geheeb durch Dr. Otto Kopp, Luzern 1970, S. 37.

307 Da die meisten Aktien im Besitz von Gunning und seinen Verwandten waren, war es ihm ein Leichtes, den Bankrott dieser Aktiengesellschaft zu erklären und der Schule mit den von ihr genutzten Räumen auch die Existenz zu entziehen. Schon kurz darauf gründete er eine neue AG, konnte seine Arbeit aber aufgrund fehlender SchülerInnen nicht fortsetzen.

308 Die Playaden befinden sich in der Nähe des Genfer Sees.

kleines Chalet zur Verfügung stellte. Die Verantwortlichen des Kantons Waadt hingegen misstrauten dieser Situation[309], begrenzten die Aufenthaltsgenehmigung der Schule deshalb von vornherein auf drei Monate und verlängerten sie auch anschließend nur geringfügig bis April 1939.

Die an sich schon prekäre finanzielle Situation wurde zusätzlich dadurch erschwert, dass Gunning das bereits gezahlte Schulgeld einbehalten hatte, und „obwohl es Edith Geheeb noch durchsetzen konnte, dass den Eltern die verloren gegangenen Summen wenigstens zu 25 Prozent angerechnet wurden"[310], mussten erneute Einschränkungen in Kauf genommen werden. Die Mitarbeiter[311] verzichteten wie auch die Geheebs quasi auf jegliches Gehalt. Nach wie vor war es vor allem Edith Geheeb, die sich mit den finanziellen Belangen eigenständig auseinandersetzte und das Vorhandene möglichst effizient verwaltete. Auch die räumlichen Verhältnisse in dem Gasthaus, „wo abends die Bauern kneipten und besoffen waren"[312], konnten den unterrichtlichen Anforderungen nicht entsprechen, die sanitären Anlagen waren mangelhaft. Nach Ullmann trug Edith Geheeb auch in dieser Hinsicht „die drückendsten Lasten des Alltags"[313]. Mit Hilfe Paul Geheebs und den verbliebenen Mitarbeitern versuchte sie,

> die Kinder von den traurigen und hoffnungslosen Zuständen, in denen sich alle befanden, möglichst wenig bemerken zu lassen. Während alles von der Hand in den Mund lebte und die Existenz der Schule manchmal nur noch Tage zu währen schien, nahm sie sich der kindlichsten Sorgen an und bereitete wie immer die Festtage der Schule vor. Das alles unternahm sie so gelassen und selbstverständlich, dass ihre Ruhe – die sie innerlich gar nicht haben konnte – auf Kinder und Mitarbeiter abstrahlte und jede panische Stimmung im Keim erstickte.[314]

Zugleich bestritt sie jedoch auch die Suche nach einer neuen Bleibe mit ganzer Kraft. Neben den schon bestehenden Kontakten in der Schweiz suchte Edith Geheeb nach neuen Möglichkeiten und trat oft allein als Verhandlungsführerin der Schule auf, während Paul Geheeb auf den

---

309 Nachdem sie eine Konzession für die Geheebs ja bereits einmal abgelehnt hatten, hielten sie das Vorgehen der Geheebs für einen Trick, sich nun doch endgültig dort niederzulassen.

310 Vgl. Ullmann, Ecole d'Humanité, Examensarbeit 1964, S. 93.

311 Anhand der vorliegenden Quellen können leider keine Aussagen über Anzahl und Zusammensetzung der Mitarbeiterschaft getroffen werden.

312 AEdH, Interview mit Edith Geheeb durch Dr. Otto Kopp, Luzern 1970, S. 39.

313 Ullmann: Ecole d'Humanité, Examensarbeit 1964, S. 94.

314 Ebda. S. 94. An dieser Stelle wird nicht deutlich, auf welche Quellen sich Ullmann konkret stützt. Auch wenn Edith Geheebs Sorge um die Kinder sich sicherlich in einem möglichst ‚normalen' Ablauf des alltäglichen Schullebens widerspiegelte, ist doch fraglich, inwieweit es ihr tatsächlich gelang, stets gelassen zu bleiben.

Playaden blieb[315]. Relativ schnell konnte das Bundeshaus ihnen jedoch ein angemessenes Angebot machen: Im April 1939 zog die Ecole d'Humanité in das leerstehende, aber nur teilweise beheizbare Schloss Greng am Murtensee im Kanton Fribourg ein, welcher ohne weiteres in eine Konzession eingewilligt hatte.

4.4 Schloss Greng

Die besitzende Genossenschaft des Schlosses, ‚Walddorf-Sonnenhof', bestand aus nur drei Mitgliedern: Hauptgeldgeberin war Anna Nussbaum, die ihrem Verlobten Leo Schermann, einem Handelslehrer, eine gesicherte Existenz aufbauen wollte[316]. Statt eines schriftlichen Vertrages ließen sich die Geheebs jedoch auf eine mündliche Vereinbarung ein, laut der sie zwar keine Miete zu zahlen hatten, für eventuelle Verluste der Schule allerdings ganz allein aufkommen sollten. Gewinne hatten sie zur Hälfte an die Genossenschaft abzutreten und Leo Schermann musste zudem als Mitdirektor eingestellt werden.

Wie schon bei Gunning hatte Edith Geheeb auch Schermann gegenüber starke Bedenken, da sie auch ihn als menschlich ungeeignet betrachtete: „‚Paulus, mit diesem Menschen können wir doch nicht zusammenarbeiten. Du bist doch wahnsinnig.'"[317] Umgestimmt wurde sie schließlich durch die Persönlichkeit von Frau Nussbaum, „eine feine, ernsthafte Frau"[318], die ihr eine enge Zusammenarbeit ans Herz legte:

> Und Sie [Edith Geheeb, J.B.] müssen das Geschäftliche in die Hand nehmen. Wir wollen das so machen, ich werde hier die Bücher führen und Sie werden mir die Unterlagen bringen und wir müssen dann ganz nah zusammenarbeiten. [...] Das wird schon gehen, wenn wir Frauen zusammenarbeiten"[319].

Trotz dieses Einverständnisses kam es schnell zu Komplikationen. Obwohl „besonders Edith Geheeb wegen ihrer mit Gunning gemachten Erfahrungen vom ersten Tage an auf der Ausfertigung eines [...] schriftli-

315 Zum Beispiel führte Edith Geheeb gerade allein eine Verhandlungssitzung mit der Gemeinde St. Pierre in Genf, als das Bundeshaus telefonisch mit der Option Schloss Greng an die Geheebs herantrat. Vgl. AEdH, Interview mit Edith Geheeb durch Dr. Otto Kopp, Luzern 1970, S. 39.

316 Ernst Troesch als Dritter im Bunde sollte anscheinend vor allem die Legitimität bzw. den Status der Genossenschaft unterstreichen und war an den Verhandlungen als solchen eher unbeteiligt. Vgl. Ullmann: Ecole d'Humanité, Examensarbeit 1964, S. 97.

317 AEdH, Interview mit Edith Geheeb durch Dr. Otto Kopp, Luzern 1970, S. 40.

318 Ebda. S. 39

319 Ebda. S. 40.

chen Vertrages bestand"[320], zögerte Schermann diesen Schritt mit immer anderen Ausreden hinaus, sodass sich die Geheebs als Angestellte der Genossenschaft ohne Arbeitsvertrag und mit geringem Gehalt in einem völlig rechtlosen Zustand befanden. Zudem entpuppte sich Leo Schermann zunehmend als intriganter Teilhaber, der in erster Linie auf seinen eigenen Profit bedacht war, Bilanzen zurückhielt und die Geheebs das ein und andere Mal bei seiner Verlobten verleumdete[321], wodurch das ursprüngliche Vertrauensverhältnis schwand. Bei Ausbruch des Zweiten Weltkrieges quartierte er zudem Schweizer Militär im Schloss ein und machte den Geheebs Ausweichangebote, die den Standard einer Schule bei weitem unterschritten hätten.

Als ihnen Mitte Oktober 1939 schließlich kurzfristig gekündigt wurde, und da Edith Geheeb die Suche nach einem neuen Standort auch dieses Mal zu einem wesentlichen Anteil allein bewältigte[322], also eigenständig Kontakte herstellte und jede der möglichen Optionen besichtigte, gelangte sie bald ans Ende ihrer Kräfte: Einmal hatte sie sich „einem Zusammenbruch nahe, in ihr Zimmer eingeschlossen und lag mutlos geworden zu Bett"[323]. Als scheinbar letzte verbleibende Möglichkeit fragte sie anhand des Hotelverzeichnisses der Schweiz alle Hotels im Kanton Fribourg telefonisch an und konnte letztlich auch die Besitzer des Hotel du Lac am Schwarzsee davon überzeugen, die Ecole ab Oktober 1939 aufzunehmen[324]. Paul Geheeb vertraute ihrem Urteil inzwischen so sehr,

320 Ullmann: Ecole d'Humanité, Examensarbeit 1964, S. 102. Auch hier zeigte Edith Geheeb wieder einmal mehr ‚Geschäftssinn' als Paul Geheeb, allerdings war auch sie – natürlich darf der enorme Zeitdruck bei diesem Umzug und bei dieser Vereinbarung nicht unbeachtet bleiben – so naiv, ohne jedweden Vertrag überhaupt in Greng anzufangen. Fraglich ist, inwiefern ein Mitwirken Max Cassirers an dieser Stelle zu anderen Arbeitsvoraussetzungen geführt hätte.

321 Da Schermann seiner Verlobten einen korrekten Überblick über gemachte Ausgaben vorenthielt, glaubte Frau Nussbaum zunehmend seinen Anschuldigungen, die Geheebs würden in die eigene Tasche wirtschaften. Vgl. Interview mit Edith Geheeb durch Dr. Otto Kopp, Luzern 1970, S. 41.

322 Shirley: Politics of progessive education, 1992, S. 180: „Paulus now carried less of the work, and it was Edith who again found the next location for the ecole […]".

323 Ullmann: Ecole d'Humanité, Examensarbeit 1964, S. 115.

324 Viele Hotels standen aufgrund des Kriegsausbruchs vollkommen leer. Die Besitzer des Hotels Schwarzsee willigten vor allem auch deswegen ein, weil sie dadurch eine höhere Schulbildung für ihren 11jährigen Sohn gesichert sahen. Vgl. AEdH, Interview mit Edith Geheeb durch Dr. Otto Kopp, Luzern 1970, S. 43.

dass er sich die Gegebenheiten vor dem Einzug gar nicht persönlich ansah[325].

4.5 Am Schwarzsee

Doch auch in der neuen, für ein Landerziehungsheim wunderbar geeigneten Gegend am Schwarzsee (Lac du Noir) verbesserte sich die Situation der Ecole d'Humanité, die zu diesem Zeitpunkt ca. 20 SchülerInnen[326] zählte, nicht wirklich.

Leo Schermann hatte die Geheebs Ende 1939 wegen Unterschlagung von mehreren tausend Franken verklagt, wodurch langwierige Sitzungen mit der Genossenschaft ‚Walddorf-Sonnenhof' und diverse Gerichtsverhandlungen folgten, welche zunehmend von Edith Geheeb bestritten wurden. Auch wenn Paul Geheeb das Geschehen selbstverständlich verfolgte und auch an den Sitzungen teilnahm, zog er sich aus Enttäuschung und Wut über das Verhalten Schermanns immer mehr zurück und überließ seiner Frau die Rechtsgeschäfte[327]. Allerdings war Edith Geheeb auch persönlich von Schermanns Anzeige betroffen. Als deutlich wurde, dass weitere Schulgeldzahlungen aus Deutschland aufgrund der Devisenbestimmungen eingestellt werden würden, hatte sie Schermann darum gebeten, die Schulgelder erheblich zu erhöhen und auf ihr Privatkonto zu überweisen, um mit einer solchen Summe möglichst lange agieren und überleben zu können[328]. Obwohl Schermann damals eingewilligt hatte, zeigte er nun diese falschen Rechnungen bei der Verrechnungsstelle an, die Edith Geheeb daraufhin zur Aussage beorderte. Aufgrund der ihr eigenen Gutgläubigkeit aber auch in der großen Sorge, den Ruf der Schule und ihres Mannes durch ihr Verhalten nachhaltig geschädigt zu haben, wurde ihr der Vorwurf in seiner ganzen Tragweite erst bewusst, nachdem die Verrechnungsstelle die Verfolgung fallen ließ:

> Da hat der Fehr [Der Berner Rechtsanwalt der Geheebs, J.B.] gesagt, wissen Sie, Frau Geheeb, Sie sind sehr naiv. Sie scheinen gar nicht zu wissen, dass man denken könnte, Sie hätten das Geld unterschlagen. Ich sagte, nein, auf die Idee bin ich überhaupt noch nicht gekommen. Nicht wahr! Also es war grässlich"[329].

325 Auf ihre Bitte, am Hotel du Lac vorbeizukommen, antwortete er nur: „Nein, das tue ich nicht, wenn Du sagst, es geht, dann kommen wir". Vgl. AEdH, Interview mit Edith Geheeb durch Dr. Otto Kopp, Luzern 1970, S. 43f.

326 Vgl. Shirley: Politics of progressive education, S. 180.

327 Vgl. AEdH, Interview mit Edith Geheeb durch Dr. Otto Kopp, Luzern 1970, S. 45.

328 Vgl. Ullmann: Ecole d'Humanité, Examensarbeit 1964, S. 104; AEdH, Interview mit Edith Geheeb durch Dr. Otto Kopp, Luzern 1970, S. 46.

329 Ebda. S. 47.

Als man schließlich nach langen, ebenfalls vor allem von Edith Geheeb geführten Verhandlungen übereingekommen war, aufgrund der Unterschlagungsvorwürfe[330] von Seiten Schermanns einen Vergleich abzuschließen, mit welchem die Geheebs als mittellose Nicht-Schweizer auf Anraten ihrer Anwälte besser dastünden als mit einem Gerichtsverfahren, erklärte sich Paul Geheeb nur nach langer Überzeugungsarbeit dazu bereit, sich mit Schermann an einen Tisch zu setzen und zu unterschreiben[331].

Durch diesen Vergleich waren die Geheebs schließlich gezwungen 8.200 Francs an Leo Schermann zurückzuzahlen, eine Summe, welche in ihrer damaligen finanziellen Situation nicht unerheblich war und ihnen jeglichen Rückhalt nahm. Zudem wurden auch die Zuwendungen ausländischer Gönner und Freunde aufgrund des Krieges drastisch reduziert. Auch ein Teil der Mitarbeiter wurde eingezogen und konnte wegen der strenger werdenden Bestimmungen der Fremdenpolizei nicht ersetzt werden[332]. Mit der allgemeinen Zunahme von kriegsbedingten Emigrationen nach Übersee schrumpfte die Schülerzahl darüber hinaus im Laufe der Zeit am Schwarzsee erheblich[333], sodass selbst Paul Geheeb sie nur noch als „Keimzelle der Ecole d'Humanité"[334] zu bezeichnen vermochte. Schließlich zog man vom Hotel du Lac ins nahe gelegene Chalet Aurora, einem Naturfreundehaus, in dem die Kinder durch die Fenster einund ausgehen mussten, weil auch die Flure aus Platzmangel mit Betten vollgestellt waren.

Auch darüber hinaus war das Leben im Krieg vor allem von dem alltäglichen Kampf ums Überleben geprägt: die Versorgung blieb grundsätzlich schlecht und es musste viel Zeit aufwendet werden, damit alle ‚über die Runden' kamen[335]. Erst allmählich stieg die Schülerzahl durch

---

330 Im Oktober 1939 war „nur um der Kinder willen" doch noch ein Vertrag zwischen den Geheebs und Schermann zustandegekommen, in welchem die Geheebs sich verpflichtet hatten, etwaige Verluste der Schule allein zu tragen, und der ihnen nun zur Last gelegt werden konnte. Vgl. Ullmann: Ecole d'Humanité, Examensarbeit 1964, S. 112.

331 Vgl. AEdH, Interview mit Edith Geheeb durch Dr. Otto Kopp, Luzern 1970, S. 45: „Der Paulus ist ausgerückt und ist eben wie ein Verrückter im Ort rumgelaufen und ich war bei den Verhandlungen. [...] Und da hat er gesagt, ich setz mich doch nicht mit einem Menschen, den ich so verachte, an einen Tisch, und unterschreibe, und vergleiche mich mit ihm, aber er hat's schliesslich doch getan."

332 Ullmann: Ecole d'Humanité, Examensarbeit 1964, S. 108.

333 Konnte man 1939 noch ca. 20 SchülerInnen aufweisen, verringerte sich diese Zahl auf elf im Jahre 1940. 1941 waren es teilweise sogar nur noch neun SchülerInnen. Vgl. Shirley: Politics of progressive education, 1992, S. 180f.

334 Keller: Eindrücke, [ca. 1953], S. 109.

335 Alwine von Keller beschrieb die Situation wie folgt: „Denn hier war die praktische Arbeit nicht in erster Linie durch pädagogische Einsicht geboten, sondern ohne die dauernde Arbeit der Kinder hätte das Haus nicht gehalten werden können. Sie mußten Holz schlagen,

die einsetzende Flüchtlingsbewegung wieder an und verhalf der Schule zu neuem Aufschwung: „Wirtschaftliche Not hatte die Kinderzahl der Ecole d`Humanité auf ein Minimum herabgedrückt. Menschliche Not der in die Schweiz strömenden Flüchtlingsfamilien machte sie wieder notwendig und bediente sich ihrer Möglichkeiten“[336]. Zusätzliche Hilfe kam schließlich vom Schweizer Hilfswerk für Imigrantenkinder, das auf die Situation der Geheebs aufmerksam geworden war und sie – wenn auch bescheiden – finanziell unterstützte und ihnen neue SchülerInnen zuführte[337].

Durch diese strukturellen Veränderungen an der Schule änderten sich jedoch auch ihre vorrangigen Aufgaben: 1943 waren 20 von insgesamt 25 SchülerInnen Flüchtlingskinder[338] und sie alle waren kriegstraumatisiert, hatten ihre Eltern verloren oder waren sogar selbst im Konzentrationslager gewesen. Es galt also in erster Linie, den Kindern ein geborgenes Heim zu schaffen, in welchem sie wieder Zutrauen in die Welt und in ihr eigenes Leben gewinnen konnten, bevor man erst mit steigenden Schülerzahlen allmählich dazu übergehen konnte, die alten Strukturen der Odenwaldschule bzw. der Ecole d'Humanité wieder einzuführen und den Fokus der gemeinsamen Arbeit zu erweitern.

Trotz all dieser widrigen Umstände stellten jedoch vor allem die letzten Jahre der Zeit am Schwarzsee (1939-1946) eine insgesamt relativ ruhige Phase für die Geheebs und ihre Mitarbeiter dar, in der sie sich zumindest nicht in einer andauernden Verteidigungshaltung etwaigen Widersachern gegenüber befanden und aufgrund der Kriegswirren zunächst nicht von einer Vertreibung aus ihrer bescheidenen Unterkunft bedroht waren. Für Edith Geheeb bedeutete diese Zeit eine besondere Erleichterung, da sie 1942 begonnen hatte, sich bei Alwine von Keller einer Psychoanalyse[339] zu unterziehen, durch die sie allmählich zu einem neuen

---

sollte geheizt werden, wenn das kleine Haus fast im tiefen Schnee verborgen dalag; sie mußten die Wäsche ½ Stunde ins Tal hinunter und wieder hinauf fahren, die Lebensmittel vom Postauto den Berg hinaufschleppen, Küchen- und Hausarbeit machen, flicken und stopfen.“ Keller: Eindrücke, [ca. 1953], S. 108.

336 Schäfer: Paul Geheeb, [1960], S. 75.

337 Vgl. AEdH, Interview mit Edith Geheeb durch Dr. Otto Kopp, Luzern 1970, S. 47f.

338 Vgl. Shirley: Politics of progessive education, 1992, S. 182.

339 Alwine von Keller hatte während des Zweiten Weltkrieges begonnen, in der Schweiz Philosophie und Psychologie zu studieren, war Mitarbeiterin bei C.G. Jung geworden und führte bis 1956 in einer eigenen Praxis psychologische Beratungen und Traumanalysen durch. Vgl. Schwitalski: Pädagoginnen an Reformschulen, Dissertation 2001, S. 280. Die während der Analyse von Edith Geheeb gemalten Bilder und Traumniederschriften befinden sich im Geheeb-Archiv in Goldern und würden bei fachgerechter Auswertung sicherlich sehr viel über die Persönlichkeit Edith Geheebs zu Tage bringen.

Selbstbewusstsein fand bzw. mit ihren immer wiederkehrenden Depressionen besser umzugehen lernte:

> Bis zu dieser intensiven Beschäftigung mit ihren eigenen Bedürfnissen im Alter von 57 wird sie als ‚Schüchterne' und sich in den Hintergrund stellende Frau beschrieben. Erst durch die Analyse, während der sie sich u.a. mit ihrer Abwendung von den elterlichen Gesellschaftskreisen und ihren eigenen Werten und Zielen, sowie mit ihrem Verhältnis zu Paul Geheeb auseinandersetzte, fand sie einen befriedigenderen Umgang mit ihrer Situation.[340]

Durch diesen Prozess wird sich auch Edith Geheebs Selbstverständnis und ihre Selbstsicherheit als Pädagogin gefestigt haben, wovon wiederum auch die ihr nahe stehende kleine Schulgemeinde profitiert haben wird.

Das Ende des Krieges, das die Schule in einer besinnlichen Zeremonie auf einem Berg feierte, schien die Idee der Schule der Menschheit schließlich auch offiziell zu legitimieren und den Weg zu einer weitergreifenden Umsetzung endlich frei zu machen.

Da die Besitzer des Naturfreundehauses mit dem Kriegsende jedoch wieder Anspruch auf ihre Räumlichkeiten erhoben, war die Ecole d'Humanité zunächst erneut gezwungen, eine Bleibe zu finden. Auch dieses Mal war es vor allem Edith Geheeb, die die umständliche und langwierige Suche[341] auf sich nahm und ein ums andere Mal erfolglos und verzweifelt zurückkehrte: „Wo wir auch hinkamen, wollten sie zuerst Geld haben, oder der Raum war nicht geeignet"[342].

> Und dann kam abends um 8, wenn es schon dunkel war, der Bus wieder rauf und ich todmüde. Da standen dann die Kinder an der Busstelle und sagten: „Edith hast Du eine Schule?" Und ich musste jedesmal sagen: „Nein, ich hab keine Schule."[343]

Am Rande eines erneuten Nervenzusammenbruchs wandte sie sich schließlich auf Anraten Dritter an einen Herrn Ernst Suter, den Generaldirektor eines Schweizer Arbeitgeberverbandes, der über das bisherige Schicksal der Ecole d'Humanité sehr gut unterrichtet war und den Geheebs einige Vorschläge für ihre Zukunft machen konnte. Mit Suter besichtigte Edith Geheeb unter anderem auch das von ihr schon früher inspizierte, aber bisher finanziell unerschwingliche Hasliberghaus in Gol-

---

340 Schwitalski: Pädagoginnen an Reformschulen, Dissertation 2001, S. 247.

341 Da sie sich aufgrund der prekären finanziellen Lage Fahrten mit dem Bus nicht immer leisten konnte, reiste Edith Geheeb weite Strecken mit dem holzbetriebenen Auto eines Schülers durch die Schweiz. Immer wieder mussten sie anhalten und neues Holz sammeln. Vgl. AEdH, Interview mit Edith Geheeb durch Dr. Otto Kopp, Luzern 1970, S. 49.

342 AEdH, Interview mit Edith Geheeb durch Dr. Otto Kopp, Luzern 1970, S. 50.

343 Ebda. S. 51.

dern, ein „evangelisches Erholungsheim im Besitze einer Aktiengesellschaft, deren Aktienmehrheit im Besitze eines alten Pfarrers wäre, der da Predigten abhielt“[344]. Dieser Pfarrer ließ sich schließlich darauf ein, den größten Teil seiner Aktien mit einem Aktienpaket[345] von Ernst Suter zu tauschen, sodass dieser das Hasliberghaus – nachdem auch die offizielle Erlaubnis der Erziehungsdirektion in Bern erfolgt war – an die Ecole d'Humanité vermieten konnte. Am 25. Mai 1946 zog die Schule schließlich in Goldern, Hasliberg, ein[346], das mit seiner abgeschiedenen Lage in über 1.000 Meter Höhe hervorragend für die Bedürfnisse eines Landerziehungsheims geeignet zu sein schien.

Die somit zu Ende gehenden langen Jahre der Emigration und des zweiten Weltkrieges hatten Edith Geheeb ein ums andere Mal an ihre Leistungsgrenze gebracht, sei es durch die langwierige Suche nach neuen Unterkünften für die Schule, sei es durch die anhaltende Sorge um eine ausreichende finanzielle Basis der pädagogischen Arbeit. Dieser enorme Einsatz Edith Geheebs, der sowohl Ausdruck ihrer uneingeschränkten Solidarität Paul Geheeb und den gemeinsamen reformpädagogischen Idealen gegenüber war, als auch etwa durch die weitgehende Übernahme der Rechtsgeschäfte und die eigenständige Organisation neuen Wohnraumes eine Erweiterung ihrer beruflichen Identität bedeutete, machte das Überleben der Schule überhaupt erst möglich. Möglich war dieser Einsatz letztlich aber nur, weil Edith Geheeb in ihrer Psychoanalyse mit Alwine von Keller ihre persönlichen Probleme zu bewältigen lernte, ihrem eigenen Leben zunehmend mehr Platz eingestand und dadurch die Belastungen ihres Arbeitslebens kompensieren konnte.

---

344 Ullmann: Ecole d'Humanité, Examensarbeit 1964, S. 129.

345 Für das Geld zum Ankauf dieser Aktien war Suter nicht –wie von Edith und Paul Geheeb angenommen- selbst aufgekommen, sondern erwarb sie „mit Geldern, die ihm von Geheebs Freunden in letzter drängender Stunde zur Verfügung gestellt worden waren“. Vgl. AEdH, Ordner ‚Genossenschaft Freunde der Ecole d'Humanité, auch Hasliberghaus AG‘, Beilage zum Aufruf an die Freunde der Ecole d'Humanité, S. 2.

346 Da der Auszug aus dem Chalet Aurora jedoch schon Anfang des Monats erfolgen musste, hatte die Ecole d'Humanité die letzten Wochen in einer leerstehenden, nicht heizbaren Militärbaracke verbracht, wie auch die „Möbel und was wir überhaupt besassen, unsere Koffer usw. … unter einer Leinwandblache vier Wochen schon stand“. Vgl. AEdH, Interview mit Edith Geheeb durch Dr. Otto Kopp, Luzern 1970, S. 53.

5. Die Ecole d'Humanité in Goldern

Goldern bildete den Endpunkt der langen Odyssee der Geheebs während der Jahre im Exil und ist auch heute noch Heimatort der Ecole d'Humanité. Doch auch am Hasliberg musste die Schule mit juristischen, finanziellen und pädagogischen Schwierigkeiten umgehen und kämpfte noch einige Jahre ums Überleben. Da die Ecole d'Humanité auch in Goldern ihre Existenz und ihr Wachstum zu einem großen Teil dem unermüdlichen und sich in alle Bereiche erstreckenden Einsatz Edith Geheebs verdankt, soll im folgenden Kapitel ihr Aufgabenspektrum zunächst im Hinblick auf diesen schaffenden Charakter analysiert und bewertet werden. Ihre wirtschaftlichen, organisatorischen und pädagogischen Tätigkeiten sollen in diesem Zusammenhang noch einmal deutlich hervorgehoben und auf etwaige Erweiterungen hin untersucht werden. Darauf aufbauend wird anhand der fortschreitenden Konsolidierung der Schule Edith Geheebs grundlegende Bedeutung für ihren Erhalt und ihren reibungslosen täglichen Ablauf noch einmal deutlich werden. Da dieses Wirken allerdings ihren Aufgaben an der Odenwaldschule prinzipiell entspricht, werden dahin gehende Bemerkungen eher zusammenfassenden Charakter haben.

In einem zweiten Abschnitt werden dann vor allem ihr Verhalten und ihre Entwicklung in Bezug auf die zunehmenden altersbedingten Einschränkungen Paul Geheebs im Mittelpunkt stehen. Dabei ist vor allem zu klären, welche Bedeutung seinem Tod 1961 im Hinblick auf sowohl ihr eigenes Leben als auch ihr Wirken an der Ecole zukommt. Etwaige Veränderungen in leitungsorganisatorischer Hinsicht und der Umgang mit dem pädagogischen Erbe ihres Mannes werden dementsprechend besondere Beachtung finden und darüber hinaus möglicherweise grundlegende Aussagen über ihr Selbstverständnis als Frau von Paul Geheeb und als Pädagogin ermöglichen. In einem letzten Abschnitt soll dann der Frage nach ihrer persönlichen Entwicklung auch im privaten Bereich nachgegangen werden und dabei vor allem ihre Auseinandersetzung mit dem Prozess des Altwerdens sowie auch ihre Bewertung ihres eigenen Lebens verdeutlicht werden.

5.1 Der Aufbau der Ecole d'Humanité in Goldern

Die ersten Jahre am Hasliberg waren nach wie vor von Existenznöten geprägt. Den Rahmen dafür bildeten gewissermaßen die zunehmenden Konflikte mit Ernst Suter, der – obwohl er sich doch zumindest anfangs sehr für die Belange der Ecole d'Humanité einzusetzen schien – vor allem auf seinen eigenen finanziellen Profit bedacht war und dadurch gegen die Interessen der Schule handelte.

Aufgrund der vielen Vortragsreisen Paul Geheebs in der Schweiz und der dadurch zunehmenden öffentlichen Wahrnehmung der Schule war eine „Genossenschaft der Freunde der Ecole d'Humanité“[347] gegründet worden, in der auch Suter durch eine Beitrittszahlung von 300 sfr Mitglied wurde. Mit Hilfe dieser Genossenschaft, deren Präsident Friedländer letztlich auch den Mietvertrag mit Suter unterzeichnete, konnte den 1941 zwar expatriierten, nach dem Schweizer Gesetz aber ausländischen Geheebs der Erwerb einer Konzession erleichtert werden[348]. Auf Suters Vorschlag hin wurden Paul und Edith Geheeb als Direktoren der Schule zugleich Angestellte der Genossenschaft, „wogegen sich besonders Edith Geheeb wenig wehrte“[349], da sie „gern die wirtschaftliche Verantwortung für die Schule aus den Händen geben“[350] wollte und ihr – vor allem auch aufgrund der Anklage durch Schermann – ein festes Gehalt deutlich lieber war als bei jeder Geldentnahme aus der gemeinsamen Kasse ein „unangenehmes Gefühl“[351] haben zu müssen. Weder sie noch Paul Geheeb scheinen sich damals in ihrem guten Glauben an das Wohlwollen Suters klar gemacht zu haben, dass sie dadurch prinzipiell auch kündbar wurden.

Durch einen hinterhältigen, aber juristisch unanfechtbaren Trick[352] gelang es Suter zudem, neben der Aktienmehrheit der Hasliberghaus AG auch die Präsidentschaft der Genossenschaft zu übernehmen, sich ins Handelsregister eintragen zu lassen und von da an Druck auf die Schule auszuüben:

---

347 Präsident dieser Genossenschaft war Herr Friedländer, der sich – einmal auf die Schule aufmerksam geworden – nachhaltig für ihre Belange einsetzte. Darüber hinaus zählte auch der unter dem Pseudonym Kurt Held als Kinderbuchautor (‚Die rote Zora‘) bekannt gewordene Kurt Kläber zu den langjährigen Freunden und Unterstützern der Schule.

348 Vgl. Ullmann: Ecole d'Humanité, Examensarbeit 1964, S. 130.

349 Ebda. S. 130.

350 Ebda. S. 130.

351 AEdH, Interview mit Edith Geheeb durch Dr. Otto Kopp, Luzern 1970, S. 57.

352 Mit Erlaubnis der Genossenschaft hatte Suter ihm gefällige, aber mit dem Anliegen der Ecole in keiner Weise vertraute Personen für nur 5 sfr Mitgliedsbeitrag in die Genossenschaft aufgenommen. Als Paul Geheeb ihn wegen anderweitig entstandener Differenzen zum Verlassen einer Vorstandssitzung aufforderte und ihm Hausfriedensbruch vorwarf, zeigte sich Suter so hartnäckig, dass alle Mitglieder mit Geheeb den Raum verließen. In ihrer Abwesenheit ließ sich Ernst Suter mit Hilfe seiner anwesenden Helfer, die eine beschlussfähige Mehrheit darstellten, zum Präsidenten wählen. Vgl. u.a. Ullmann: Ecole d'Humanité, Examensarbeit 1964, S. 131ff; Interview mit Armin Lüthi durch Judith Büschel, 29.01.2003.

> Er mischte sich fortwährend in die Angelegenheiten der Schule und der Hauswirtschaft und spielte die Rolle eines Inspektors, die doch keinem Hauswirt zusteht. Er versammelte die Lehrer um sich, hielt sogar eine Lehrerkonferenz ab, mischte sich in Unterrichts- und Erziehungsfragen und befragte die Dorfbewohner über unliebsame Beobachtungen.[353]

Die konkrete Auseinandersetzung mit Suter, der zumeist ganze Tage an der Ecole verbrachte, übernahm Edith Geheeb: „Und wenn der erschien ist Paulus auf den Giebel gegangen und kam dann abends wieder und sagte: ‚Wars nett?'"[354] Auch mit den rechtlichen Angelegenheiten setzte vor allem sie sich mit Hilfe der Genossenschaft auseinander:

> Und dann hat sie eben noch eigentlich diese ganze Misere mit diesem Suter und diese ganzen Prozesse, das hat sie eigentlich [gemacht]. Er hat von Zeit zu Zeit sich orientieren lassen, aber [...] das muss sie unheimlich beschäftigt haben, das muss viel Zeit in Anspruch genommen haben.[355]

Edith Geheeb führte sowohl die umfangreiche Korrespondenz mit der Genossenschaft, welche schließlich einen Prozess gegen Suter, der wiederholt gegen die Interessen der Schule bzw. der Genossenschaft gehandelt hatte, anstrengte, als sie auch – wie schon bei der Auseinandersetzung mit Schermann – einen Teil der diesbezüglichen Vorgespräche und juristischen Verhandlungen übernahm[356]. Dabei stand sie in ständiger Rücksprache mit Paul Geheeb und bemühte sich stets, auch bei etwaigen Meinungsverschiedenheiten dessen Position in der Öffentlichkeit adäquat zu vertreten. Im Verlauf dieses Prozesses trat Suter aufgrund ihm nachgewiesener Unregelmäßigkeiten 1948 freiwillig zunächst von der Präsidentschaft der Genossenschaft und ein Jahr später schließlich auch von deren Mitgliedschaft zurück, besaß als Besitzer der Aktienmehrheit der Hasliberghaus AG jedoch weiterhin Einfluss auf die Ecole d'Humanité. In dieser Funktion hätte er etwa beim Ablauf des geltenden Mietvertrages[357] 1955 die Bedingungen des darauf folgenden Vertrags maßgeblich bestimmen bzw. über sein Zustandekommen als solches ent-

---

353 AEdH, Ordner ‚Genossenschaft Freunde der Ecole d'Humanité, auch Hasliberghaus AG', Beilage zum Aufruf an die Freunde der Ecole d'Humanité vom 15.08.1947.

354 AEdH, Interview mit Edith Geheeb durch Dr. Otto Kopp, Luzern 1970, S. 58.

355 Interview mit Armin Lüthi durch Judith Büschel, 29.01.2003.

356 Vgl. hierzu zum Beispiel ihre Korrespondenz mit Kurt Kläber, AEdH.

357 Dieser ursprüngliche Mietvertrag beinhaltete bereits die problematischen Klauseln, dass die Schule alle anfallenden Reparaturen selbst vornehmen müsse und Suter andernfalls das Recht hätte, Gelder für diese Arbeiten aus dem Mietzins zu verwenden. Ein im Mai 1955 neu abzuschließender Vertrag hätte wahrscheinlich noch negativere Aspekte beinhaltet. Vgl. AEdH, Edith Geheeb an Walter und Lene Schiffer, 02.05.1949. An Kurt Kläber schrieb sie dazu unter anderem: „Wenn wir Suter nicht rechtzeitig fassen, wird er uns in wenigen Jahren, wenn der Kontrakt zu Ende geht, [...] nicht nur pressen, sondern sogar würgen." Vgl. AEdH, Edith Geheeb an Kurt Kläber, 04.03.1952.

scheiden können. Allerdings konnte ihm die Genossenschaft der Freunde der Ecole d'Humanité mit Hilfe von Spenden und der Versiertheit eines neu eingestellten Buchhalters juristische Fehler nachweisen, anhand derer ihm 1954 seine Aktienmehrheit abgekauft und er somit auch aus der Hasliberghaus AG hinausgekauft werden konnte[358]. Für Edith Geheeb stellte dieser Konflikt eine sehr große Belastung dar, raubte er ihr doch einen großen Teil jener Zeit und Kraft, die sie gerade in den Aufbaujahren der Ecole d'Humanité sehr nötig hatte: „Für mich ist diese Situation, ich muss es gestehen, eine dauernd sehr grosse Sorge"[359].

In die Zeit der Verhandlungen mit Suter fielen darüber hinaus jedoch auch weitere gerichtliche Auseinandersetzungen mit Leo Schermann, welcher Paul Geheeb anhaltend in einer so rufschädigenden Weise öffentlich angegangen war, dass dieser sich im Hinblick auf die weitere Entwicklung der Schule genötigt sah, eine Klage wegen Verleumdung zu erheben und im Laufe der Jahre auch in allen Instanzen Recht zugesprochen bekam[360]. Inwiefern Edith Geheeb auch an diesen Prozessen beteiligt war, lässt sich anhand der vorliegenden Quellen nicht mit Bestimmtheit sagen. Fest steht, dass Paul Geheeb als Kläger an den Schermann-Prozessen in der Regel selbst teilnahm, wobei jedoch nicht auszuschließen ist, dass ihm seine Frau auch hier zumindest einen Teil der Korrespondenz abnahm. Im Hinblick auf die Auseinandersetzung mit Ernst Suter, wie auch bezogen auf die früheren gerichtlichen Konflikte mit Gunning und Schermann wird jedoch deutlich, dass die juristischen Interessen der Schule in erster Linie von Edith Geheeb vertreten und verwaltet wurden und ihr Aufgabenspektrum dadurch im Vergleich zu ihren Kompetenzen an der Odenwaldschule noch einmal eine erhebliche Erweiterung erfuhr.

In den ersten Jahren in Goldern blieb die finanzielle Situation der Ecole d'Humanité jedoch nicht nur durch die Machenschaften Suters gefährdet, wie Edith Geheeb in einem Brief an Alwine von Keller deutlich machte:

> Trotzdem ich mir nie hatte träumen lassen, dass ich je wieder in solch schönen einfachen, gepflegten Häusern wohnen würde… trotzdem ich nicht ahnte, dass es nochmals ein so unverdorbenes Dorf […] in so herrlicher Landschaft geben würde … trotzdem wir die grösste Spannung durchgemacht ha-

---

358 Vgl. Ullmann: Ecole d'Humanité, Examensarbeit 1964, S. 132ff; AEdH, Interview mit Edith Geheeb durch Dr. Otto Kopp, Luzern 1970, S. 58.

359 AEdH, Edith Geheeb an Kurt Kläber, 04.03.1952.

360 Vgl. dazu AEdH, Paul Geheeb an E. Blocher, 22.03.1949.

> ben […] – kann ich nicht ruhig sein, wenn die geldliche Grundlage nicht gelöst wird.[361]

Vorrangiges Problem war vor allem die geringe Anzahl von SchülerInnen[362], da es in der Nachkriegszeit sehr schwer war, Devisen vom Ausland in die Schweiz zu bekommen und somit nach Edith Geheeb „Eltern, die sich für unsere Art Erziehung interessieren, uns die Kinder nicht schicken“[363]. Nach ihren Berechnung mussten den vielen Ausgaben Einnahmen von etwa 50 Kindern gegenüberstehen[364], wovon in den frühen Jahren in Goldern jedoch keine Rede sein konnte. Zudem wurden die Ausgaben durch anstehende Reparaturen, die ungünstigen Mietbedingungen und die genannten Prozesskosten zusätzlich in die Höhe getrieben. Die Ecole d'Humanité war also weiterhin auf Spenden angewiesen, sodass Edith Geheeb mit Unterstützung der Genossenschaftsfreunde laufend Bettelbriefe an mögliche Gönner, Institutionen und solche Hilfsorganisationen schrieb, die wie unter anderem das Rote Kreuz Kinder in die Schweiz transportierten und deren Aufenthalt finanziell ermöglichten. Auch mit dem schon erwähnten Schweizer Flüchtlingswerk[365] und seiner Vorsitzenden Nettie Sutro stand die Ecole weiterhin in Verbindung. Der Erfolg dieser Bemühungen um Spenden und andere Einnahmequellen blieb in den ersten Jahren jedoch gering[366]. Erst durch die Initiierung einer Patenschaftsaktion, bei der sich interessierte Privatleute oder auch öffentliche Institutionen monats- oder jahresweise zur Übernahme einer kleinen Summe verpflichteten, konnten zunehmend höhere Beträge eingenommen werden[367]. Die Verwaltung und Ausweitung dieser Patenschaftsaktion bestritt vor allem Edith Geheeb mit Hilfe der Genossenschaftsfreunde: Sie war diejenige, die die Prospekte druckte, Anschreiben vorbereitete und die entsprechenden Korrespondenzen pflegte. Auch die Gestaltung darüber hinausgehender Werbebroschüren fiel in

---

361 AEdH, Edith Geheeb an Alwine von Keller, 02.06.1946.

362 Die genaue SchülerInnenzahl lässt sich anhand der vorliegenden Quellen nicht exakt ermitteln.

363 AEdH, Edith Geheeb an Emmi Hirschberg, 09.05.1949.

364 Vgl. AEdH, Edith Geheeb an Kurt Kläber, 25.01.1952.

365 Vgl. Kapitel 4.

366 Sehr anschaulich wird die Vergeblichkeit dieser Bemühungen in einem Brief von Kurt Kläber, der fast ausschließlich negativ über seine Versuche berichtete, in Zürich Geldgeber zu finden. Vgl. AEdH, Kurt Kläber an Edith Geheeb, 19.03.1948.

367 Vgl. dazu u.a. AEdH, Edith Geheeb an Kurt Kläber, 18.04.1951. Nach Ullmann bestanden diese Zuwendungen in selbstgewählten Monatsbeiträgen zwischen 5 und 50 sfr. Vgl. Ullmann: Ecole d'Humanité, Examensarbeit 1964, S. 174, Anm. 386. Zugleich verhalf der Schule ein 1946 erschienener und viel beachteter Artikel im Life-Magazin zu internationaler Aufmerksamkeit. Vgl. Shirley: Politics of progressive education, S. 204f.

ihren Aufgabenbereich[368], wohingegen Paul Geheeb meist nur in Form eines Fotos oder einer Unterschrift beteiligt war. Die finanziellen Aspekte der Schulleitung, die letzte Verantwortung für die Buchhaltung und der effektive Einsatz der vorhandenen Gelder lagen also nach wie vor in den Händen Edith Geheebs. Ihre Bemühungen mit der Patenschaftsaktion und der andauernden Verpflichtung von Spendern führten mit Beginn der fünfziger Jahre allmählich zu einer Entspannung der finanziellen Lage der Schule, wie sie 1954 einer alten Jugendfreundin berichtete: „Wirtschaftlich ist es im letzten Jahr durch die Patenschaftshilfe, von der ich Dir wohl erzählt habe, viel leichter gewesen. Es sind erstaunlich grosse Beträge im Laufe des Jahres eingegangen“[369]. Zudem entspannte sich die Situation auch dadurch, dass die Devisenbestimmungen allmählich gelockert wurden, somit die Schülerzahl konsequent anstieg und effektiveres Wirtschaften ermöglichte: „Wir haben jetzt über 50 Kinder und ich habe ja immer gesagt, dass wir mit dieser Kinderzahl durchkommen können“[370]. Auch wenn von einer sicheren und sorgenfreien finanziellen Basis der Schule noch lange nicht die Rede sein konnte, wurde mit steigender Schülerzahl doch zumindest die prekäre Lage abgeschwächt, von Monat zu Monat wirklich ums Überleben kämpfen zu müssen[371].

Das Austarieren der Gelder und die Einhaltung des straffen Sparbudgets blieb jedoch nach wie vor ein entscheidender Aspekt, wobei Edith Geheeb als Angestellte der Genossenschaft nun erstmals auch Dritten gegenüber Rechenschaft ablegen musste und sich dementsprechend mitunter auch herber Kritik ausgesetzt sah:

> Bei der Genossenschaftssitzung wurde sehr ernst über die Verantwortung für die Geschäftsführung gesprochen, ich kam mir wie ein ungezogenes Mädel vor, das dauernd das Geld der ganzen Schule vernascht. [...] Schliesslich wurde eine Sparkommission eingesetzt.[372]

Auch wenn sich die konkrete Ausführung und Handhabung der finanziellen Geschäfte durch Edith Geheeb bzw. die genannten Vorwürfe an-

---

368 Als ein Beispiel von vielen ließ sie 1955 ein Werbeschreiben in der neu erscheinenden Zeitschrift „Yoga-Schule“ einlegen, deren Text („O, Gott so schwer geboren“) sie selbst verfasste. Vgl. AEdH, Edith Geheeb an Kurt Kläber, 07.05.1955.

369 AEdH, Edith Geheeb an Edith Solmitz, 12.02.1954.

370 AEdH, Edith Geheeb an Kurt Kläber, 25.01.1952.

371 Vgl. Interview mit Armin Lüthi durch Judith Büschel, 29.01.2003.

372 AEdH, Edith Geheeb an Alwine von Keller, 06.02.1951. Auch wenn Max Cassirer die Geheebs an der Odenwaldschule immer wieder zu größerer Sparsamkeit angehalten hatte, konnten sie sich bei ihm doch immer darauf verlassen, dass er ausstehende Schulden am Ende eines jeden Jahres aus seinem Privatvermögen beglich. Ein solches Prozedere war nun natürlich nicht mehr möglich.

hand der vorliegenden Quellen im Detail nicht nachvollziehen lassen[373], wird an diesem Beispiel deutlich, wie sehr sie beim Eintreiben und der anschließenden Verteilung der Gelder den unterschiedlichen Interessen und Anliegen der Beteiligten unterworfen war und zwischen ihnen vermitteln musste.

Dabei konnte und musste sie allerdings auch Grenzen setzen:

> Wacki hatte übrigens den Vorschlag aus Spargründen gemacht die abgehende Köchin Segessemann nicht zu ersetzen. Kinder und Mitarbeiter sollten kochen; die Hausdame sollte des morgens das Essen für den ganzen Tag herausstellen. ... nun auf solchen Dilletantismus konnte ich beim besten Willen zum Frieden nicht eingehen. There is a limit. ...[374]

Auch über die finanziellen Belange hinaus gestaltete sich der Aufbau der Ecole d'Humanité in Goldern schwierig, da die Zustände vor Ort in keiner Weise den einer Schule angemessenen Voraussetzungen entsprachen. Die vorhandenen zweieinhalb Häuser entsprachen in ihrer Ausstattung bei weitem nicht den Anforderungen einer Schule, sodass schnellstmöglich Verbesserungen vorgenommen werden mussten: „2 Duschräume und ein Baderaum müssen sofort eingerichtet werden; das sog. Turmhaus hat keine Heizung und keine Doppelfenster; sehr schmerzlich vermissen wir größere Werkstätten […]“[375]. Sehr bald wurde unter dem Einsatz Edith Geheebs eine Heizung eingebaut und das Dach ausgebessert, Tätigkeiten, die seit dem Bau der Odenwaldschule in ihrem Aufgabenbereich lagen. Auch die innere Ausstattung der Schule war vollkommen unzulänglich, wie Armin Lüthi konstatierte:

> Was vom ersten, was ich da gemacht habe, war, dass ich mit dem Schreiner zusammen um fünf Uhr morgens vier Tische selbst gebaut habe, weil es einfach ... es gab keine vernünftigen Möbel und kaufen konnte man diese nicht.[376]

---

373 Mit welcher Gewissenhaftigkeit sie dieser Arbeit nachging, steht dabei außer Frage: „Es ist kläglich, diese Briefe, […] da geht's drum, dass jemand 4 Franken 30 noch schuldig ist, aber dann muss Edith schreiben, 4 Franken 30 ist für uns viel Geld, bitte, bitte schicken Sie es uns, das können Sie uns doch nicht antun. Also solche Briefe gibt's zu Hunderten, die hat alle sie geschrieben.“ Vgl. Interview mit Armin Lüthi durch Judith Büschel, 29.01.2003. Allerdings ist zumindest auch vorstellbar, dass Edith Geheeb bei aller Sparsamkeit mitunter Geld für einzelne – in welcher Hinsicht auch immer bedürftige – SchülerInnen ausgab, und damit den Unmut der Genossenschaftler erregte.

374 AEdH, Edith Geheeb an Kurt Kläber, 18.04.1951.

375 AEdH, Edith Geheeb an Alwine von Keller , 02.06.1946.

376 Interview mit Armin Lüthi durch Judith Büschel, 29.01.2003. Armin Lüthi kam erstmals 1948 als Primarlehrer an die Ecole d'Humanité und übernahm 1961 zusammen mit Edith Geheeb die Leitung derselben.

Auch hier unterlag es vor allem Edith Geheeb, für allmähliche Besserungen zu sorgen, die richtigen Ansprechpartner und Helfer zu finden und deren Zusammenarbeit zu organisieren und somit adäquate Wohn- und Arbeitsbedingungen für alle zu schaffen[377]. Diese Verbesserungen fanden aufgrund der eingeschränkten finanziellen Möglichkeiten allerdings nur allmählich statt. Erst 1957 konnten weitere größere Anschaffungen gemacht werden, welche Edith Geheeb nach der langen Zeit der Improvisationen als großen Luxus empfand:

> Was die neuen Duschräume und das Bad im Turmhaus für eine Erleichterung für den Gesamtbetrieb bedeuten, kann man kaum zum Ausdruck bringen. Auch an der vergrösserten Plätt- und Nähstube erfreut man sich sehr, denn diese neue Einrichtung erleichtert doch das Ordnungshalten. Besonders dankbar empfindet man es, dass man stets genug warmes Wasser hat. Wir haben aber nun noch eine weitere Neuerung in Auftrag gegeben, nämlich eine Abwaschmaschine.[378]

Doch auch in zwischenmenschlicher Hinsicht gestalteten sich die ersten Jahre in Goldern sehr schwierig. Nach wie vor stellte die pädagogische Arbeit mit den Kinder eine andauernde Herausforderung dar, denn „trotz aller Schwierigkeiten nahmen Paul und Edith Geheeb nach dem Kriege bis an die äusserste Grenze des Möglichen die wahren Opfer des Nationalsozialismus bei sich auf: Kinder, die ihre Eltern in den Konzentrationslagern oder auf der Flucht verloren hatten. Bald kamen die ersten, in ihrer Heimat verfemten farbigen Besatzungskinder aus Deutschland und Oesterreich hinzu“[379]. Neben diesen besonderen Voraussetzungen war Edith Geheeb, die mitunter auch an der Aufnahme der Kinder beteiligt war, andauernd darum bemüht, ein der Idee der Schule zuträgliches Milieu zu schaffen, in welchem sowohl Jungen und Mädchen zu gleichen Teilen als auch möglichst viele Nationen vertreten waren. Während sie jedoch noch 1951 feststellte: „Mir macht es etwas Kummer, dass die Schule neuerdings 2 grosse Schönheitsfehler hat [...] Zu wenig Mädchen – und zu viel Deutsche und Schweizer! Wenn uns doch nur gelänge mehr Kinder von anderen Ländern zu bekommen. Aus wirtschaftlichen Gründen bin ich ja froh über den Eintritt jedes Deutschen Kindes – aber das Wirtschaftliche allein macht ja nicht selig“[380], nahm im Laufe der

377 An erster Stelle standen dabei stets die Arbeits- und Wohnräume Paul Geheebs. Vgl. Keller: Eindrücke, [ca. 1953], S. 107: „Wie überall war das erste, was Edith eingerichtet hatte, Pauls Zimmer, mit seinen eigenen alten Möbeln in möglichst genau derselben Anordnung wie in seinem Arbeitszimmer im Humboldthaus in der Odenwaldschule.“

378 AEdH, Edith Geheeb an Kurt Kläber, 20.06.1957.

379 Ullmann: Ecole d’Humanité, Examensarbeit 1964, S. 136.

380 AEdH, Edith Geheeb an Kurt Kläber, 18.04.1951.

folgenden Jahre die Zahl englischsprachiger, vor allem nordamerikanischer SchülerInnen stetig zu und sorgte für ein Ungleichgewicht im Hinblick auf die angestrebte Internationalität und das Miteinander verschiedenster Kulturen[381]. Auch Paul Geheeb bemängelte diese unzureichende Umsetzung seiner über die Konzeption der Odenwaldschule hinausgehenden Ecole d'Humanité[382]:

> [....] da alle paar Monate eine neue Schar von Kindern eintrat, die aus mir ganz fremdem Milieu kommen, kannst Du verstehen, dass meine Schule sich allmählich zu einer Karikatur dessen entwickelt hat, was ich eigentlich will und im Odenwald auch verwirklicht hatte.[383]

Die Zusammensetzung der Mitarbeiterschaft gestaltete sich in der Aufbauphase der Schule nicht weniger problematisch. Nach Ullmann hatte sich in jenen Jahren „viel Gesindel zur Mitarbeit angeboten, verkrachte oder gar kinderfeindliche Existenzen, und die Personalnot [...] hatte Paul und Edith Geheeb zu manchem Zugeständnis gezwungen“[384]. Auch Armin Lüthi stellte diese Missstände bei seinem Eintritt in die Ecole fest: „Ich war ja der Einzige der Unterrichtenden, der eine pädagogische Ausbildung hatte“, die anderen, „das waren so abgetakelte Schauspieler und Tänzerinnen und Schriftsteller, eine hochbegabte, aber schwierige Gesellschaft von Menschen“[385]. Gemeinsam mit ihrem Mann, der an der Mitarbeiterauswahl doch noch stärker teilnahm als an der Auswahl der Kinder, war Edith Geheeb bemüht, geeignete Leute anzuwerben und charakterlich ungeeignete fernzuhalten[386]. Erst allmählich gelang es, einen zuverlässigen und den Ideen der Geheebs zustimmenden Mitarbeiterstab zu finden und für längere Zeit an der Schule zu halten, der zudem bereit war, sich auch bei der anhaltend schlechten Bezahlung für die Schule einzusetzen: „Die Löhne der meisten Mitarbeiter, das waren Taschengelder, das waren 20 Franken, das waren 15 Franken im Monat“[387]. Viele arbeiteten auch völlig ohne Bezahlung.

Wie aus den bisherigen Ausführungen deutlich wird, hing der Aufbau der Ecole d'Humanité in Goldern also von der Bewältigung vieler äußerer und innerer Missstände ab: Durch den Konflikt mit Ernst Suter

381 Vgl. AEdH, Edith Geheeb an Armin Lüthi, 11.09.1959; Interview mit Armin Lüthi durch Judith Büschel, 29.01.2003.

382 Vgl. dazu Kapitel 4.

383 AEdH, Paul Geheeb an Kurt Kläber, 03.11.1958.

384 Ullmann: Ecole d'Humanité, Examensarbeit 1964, S. 142.

385 Interview mit Armin Lüthi durch Judith Büschel, 29.01.2003.

386 Davon zeugt ihr umfangreicher Briefverkehr mit potenziellen MitarbeiterInnen sowie Beurteilungen dieser in privaten Schreiben Edith Geheebs. Vgl. AEdH, Korrespondenz Edith Geheeb.

387 Interview mit Armin Lüthi durch Judith Büschel, 29.01.2003.

war sowohl der Standort Goldern anhaltend gefährdet, und die Konditionen des Mietvertrages belasteten die Ecole lange Zeit. Die finanzielle Situation der Schule blieb über viele Jahre hinweg kritisch und erforderte ein effektives Management. Zugleich musste der Zustand der Räumlichkeiten entscheidend verbessert und darüber hinausgehenden materiellen Unzulänglichkeiten so weit wie möglich begegnet werden. Auch die Zusammensetzung der Kinder und die Auswahl geeigneter Mitarbeiter erforderte umfangreiche Planung und Erweiterung der bestehenden Kontakte. Auf allen diesen Ebenen wirkte Edith Geheeb in entscheidender Weise mit und verhalf der Schule in diesen ersten schweren Jahren durch hohe Eigenverantwortung, aber auch durch Treue ihren und den Idealen Paul Geheebs gegenüber zu größerer Stabilität und Funktionsfähigkeit. Gerade auch die Fortsetzung ihrer in jahrzehntelanger Tätigkeit ausgebildeten pädagogischen Prinzipien, nämlich den Kindern in einem geborgenem Heim und in größtmöglicher Freiheit zu einer eigenverantwortlichen und verantwortungsbewussten Entwicklung zu verhelfen, garantierte die Konstanz der Schule in den turbulenten Zeiten vor und während des Krieges.

Doch auch über diese Aufbauphase hinaus erfüllte sie die vielfältigen Aufgaben, die sie auch an der Odenwaldschule und während der vielen Umzüge der Ecole d'Humanité auf sich genommen hatte. Da diese Aufgaben ihren bisherigen also prinzipiell entsprechen, sollen sie hier zwar noch einmal im Hinblick auf die Ecole d'Humanité in Goldern zusammengefasst und gewürdigt werden, allerdings keine so ausführliche Betrachtung erfahren wie es im Hinblick auf ihr Wirken in der Odenwaldschule geschehen ist. Entscheidend wird sein, Edith Geheebs Bedeutung für den täglichen Ablauf der Schule und etwaige Besonderheiten ihres Schaffens noch einmal kurz darzustellen, um darauf aufbauend zu untersuchen, wie sich diese Tätigkeiten mit zunehmender Alterschwäche Paul Geheebs bzw. nach seinem Tod entwickelten.

Ihre Arbeit im Büro, das lange Zeit zugleich ihr Wohn- und Schlafzimmer darstellte und in dem heute das Geheeb-Archiv untergebracht ist, umfasste neben der schon genannten zeitintensiven Verwaltung der Finanzen und den Belangen der Buchhaltung, bei der sie zunehmend eine eher beratende bzw. überprüfende Rolle einnahm[388], vor allem die umfangreiche Korrespondenz der Schule: „Zusammen mit einer jungen Schreibkraft führte sie den weltweiten Briefverkehr der Schule“[389]. Auch

388 Vgl. Ebda.: „Sie hat mit der Buchhaltung oder mit demjenigen oder derjenigen, die die Buchhaltung gemacht hat, geschaut, dass da geordnet abläuft.“

389 Ullmann: Ecole d'Humanité, Examensarbeit 1964, S. 143.

Paul Geheeb schrieb täglich eine Vielzahl von Briefen, die jedoch eher dem Austausch pädagogischer und philosophischer Ideen und Prinzipien dienten als vorrangig praktisch-geschäftlichen Charakter hatten. Neben dieser geschäftlichen Korrespondenz pflegte jedoch auch Edith Geheeb diverse private Briefkontakte. Auch wenn nach wie vor vor allem Paul Geheeb die Ecole d'Humanité in der Öffentlichkeit vertrat und bekannt zu machen suchte, unterließ Edith Geheeb in dieser Hinsicht nichts und bemühte sich, schon vorhandene Kontakte zu nutzen[390]. Für ihre Mitmenschen ließ sich nur erahnen, „was sich an Ediths Schreibpult und Schreibmaschine alles an weltweiter Wirkung ergab"[391].

Außerhalb ihres Büros war sie mit den unzähligen kleinen und großen organisatorischen Notwendigkeiten befasst, die das Zusammenleben und Arbeiten in der Schule überhaupt möglich machten. Sie veranlasste die notwendigen Reparaturen und beschaffte fehlende Materialien vom Nagel bis zum Bett, verhandelte mit dem Küchenpersonal und wählte die praktischen Mitarbeiter genauso sorgsam aus, wie sie es auch in der Odenwaldschule schon getan hatte. Auch für den jedes Schuljahr neu zu erstellenden Wohnplan zeichnete sie verantwortlich:

> Im übrigen werden wir sehr sehr voll, und Ihr wisst ja, dass ich jedesmal behaupte, so schwierig wäre der Wohnplan noch nie zu bauen gewesen, aber jetzt denke ichs schon vier Wochen im voraus: „Ach Gott, wie soll das werden."[392]

Im Sommer wurde zudem jedes Jahr ein Sommerferienlager für Kinder aus aller Welt veranstaltet[393], um die Finanzen der Schule zusätzlich aufzubessern. An ein Ausruhen in dieser Zeit war deshalb auch für Edith Geheeb in keiner Weise zu denken: „Im Sommer kommt man sich manchmal vor, als wenn wir das Zentrum der Welt wären"[394] und „wenn ich auch nicht die Führung des Lagers übernommen habe, so war ich doch im Hintergrund und hatte die letzte Verantwortung, und das hat mich ziemlich in Anspruch genommen, denn dieses Kommen und Gehen von Kindern und Kindereltern ist ja keine so einfache Sache"[395]. In

390 Kurt Kläber beispielsweise hielt sie dazu an, Artikel über die Ecole d'Humanité zu veröffentlichen: „Sie schreiben, dass Sie von zwei Schweizer Schulzeitungen aufgefordert worden sind, über uns zu schreiben. Ist es sehr zudringlich von mir, Sie zu bitten, doch möglichst bald die Artikel von Stapel zu lassen, damit sie noch vor Ostern erscheinen, wo die Menschen sich …" AEdH, Edith Geheeb an Kurt Kläber, 04.03.1952.

391 Papritz: Liebe Edith!, 1975, S. 109.

392 AEdH, Edith Geheeb an Nathalie und Armin Lüthi, 08.08.1960.

393 Dieses Angebot richtete sich also an alle Interessenten und weniger an die Ecole-SchülerInnen, die zu dieser Zeit in der Regel nach Hause fuhren.

394 AEdH, Edith Geheeb an Edith Solmitz, 21.08.1957.

395 AEdH, Edith Geheeb an Emmi Hirschberg, 09.11.1962.

späteren Jahren organisierte sie in dieser Zeit zudem eine Konzertreihe mit Musikern aus aller Welt:

> Auf Initiative Edith Geheebs konnten die Sommermonate in der Schule den ‚Donnerstagskonzerten' gewidmet werden, die gleichfalls schnell den Anschluss an internationales Musikniveau fanden und einen kulturellen Höhepunkt im Leben der Ecole d'Humanité wie auch der ganzen Umgebung darstellten.[396]

Auch bei diversen anderen großen und kleinen Festen lag die letzte Verantwortung in ihrer Hand:

> Weihnachten war herrlich. Für die Hausfrau gab es natürlich viel Arbeit, aber ich tue gern, denn es ist schön, mit so viel Menschen das Fest zu verleben. Wir waren doch wieder an 70 Menschen und ich weiss, dass es für viele heimatlich ist, dass sie Weihnachten hierherkommen können.[397]

Zudem nahm sie die Betreuung der zahlreichen Gäste weiterhin sehr in Anspruch, denn auch wenn es sich Paul Geheeb nicht nehmen ließ, die ‚wichtigen' Gäste selbst zu empfangen, blieben doch die Unterbringung und die vielen anderen Besucher ihre Aufgabe, was sie mitunter sehr erschöpfte: „Und bereichert und voll Entusiasmus wollen sie das Haus verlassen, damit sich die weite Reise auch gelohnt hat"[398]. Dennoch fanden ihre Mitmenschen: „Es ist erstaunlich, wofür sie Zeit hatte"[399].

Neben all diesen vorrangig praktisch-organisatorischen Tätigkeiten spielte sie jedoch auch im zwischenmenschlichen und pädagogischen Zusammenleben weiterhin eine tragende Rolle. War sie in den ersten Jahren des Schweizer Exils noch selbst Familienmutter gewesen, nahm sie diese Rolle in Goldern nicht mehr ein. Mitunter sprang sie jedoch als Lehrerin ein, wenn der Bedarf auf andere Weise nicht gedeckt werden konnte[400].

In erster Linie stellte sie jedoch nach wie vor eine wertvolle Ansprechpartnerin dar, deren Einfühlsamkeit und Gespür für Bedürfnisse oft und gerne von den Kindern in Anspruch genommen wurden:

> Immer löste das Klopfen an Ediths Tür eine Art Behandlung aus. Der Patient wurde da einer Beschäftigungstherapie ausgesetzt, die ihn wie eine Massage belebte und in Anspruch nahm. Edith strahlte eine Art immerwährender, stetiger Energie aus, die den Besucher in geistiger und körperlicher Bewegung erhielt. Diese Wirkung beschränkte sich natürlich [nicht] auf den Bereich von Ediths Zimmer und auf den gelegentlichen Besucher oder Bittsteller, der

396 Ullmann: Ecole d'Humanité, Examensarbeit 1964, S. 196.
397 AEdH, Edith Geheeb an Kurt Kläber, 11.01.1955.
398 AEdH, Edith Geheeb an Emmi Hirschberg, 09.09.1947.
399 Interview mit Armin Lüthi durch Judith Büschel, 29.01.2003.
400 Vgl. Interview mit Armin Lüthi durch Judith Büschel, 29.01.2003.

> dort empfangen wurde, obwohl vom Ort selber eine entschiedene Wirkung ausging; vielmehr waren Ediths Energien in allen Bereichen des Schullebens wirksam.[401]

Doch auch MitarbeiterInnen fanden in Edith Geheeb eine Person, die sie in ihrer bisweiligen Unzulänglichkeit akzeptierte, ihnen Rat gab, Trost spendete und auch kritisierte, wie die spätere Schulleiterin Nathalie Lüthi-Peterson im Hinblick auf ihre erste Zeit als Mitarbeiterin an der Ecole eindringlich beschrieb. Dabei macht sie deutlich, dass sie im alltäglichen Leben in erster Linie mit Edith und nicht Paul Geheeb in Kontakt trat:

> For me it was always your school. You received me on my first visit and told me to write if I ever wanted to come here to work. It was you I wrote to and you who answered and you who reversed Paulus' verdict that I must leave after three months. [...] You gave your criticism and approval to my various projects. Of course I loved and respected Paulus, too, but you were in charge – I never had any doubts about that.[402]

Dabei wirkte Edith Geheeb gerade auf diesem pädagogischen Gebiet auch durch viele kleine Gesten und konsequentes Vorleben ihrer erzieherischen Vorstellungen[403] als Vorbild auf Kinder und Erwachsene und wird dadurch den Zusammenhalt der Schule bzw. deren Ausrichtung entscheidend mitbestimmt haben. Nach wie vor war auch ihre Funktion als Vermittlerin zwischen Paul Geheeb und seiner Umwelt tragendes Element für das Bestehen der Gemeinschaft[404].

Auch wenn sich Edith Geheebs Einsatz für die Ecole d'Humanité weder in den ersten Jahren ihres Aufbaus noch in den vielen darauf folgenden nicht in all seinen Facetten umfassend darstellen lässt, wird doch schnell deutlich, dass ihr auch in Goldern eine große Rolle für das Bestehen und Wachsen der Schule zukommt. Dabei verantwortete sie – trotz zunehmender Helfer im Laufe der Jahre – „im Stillen"[405] die Leitung der finanziellen und unzähligen organisatorischen Belange, mit denen Paul Geheeb nur am Rande zu tun hatte, und bildete darüber hinaus eine für die Schule lebenswichtige Ansprechpartnerin, die in Wohlsorge um die Ratsuchenden und anhand ihrer pädagogischen Überzeugungen und dar-

---

401 Papritz: Liebe Edith! 1975, S. 109.

402 AEdH, Nathalie Lüthi-Peterson an Edith Geheeb, 05.08.1975.

403 Ihre natürliche Nähe zu den Kindern, denen sie stets großes Vertrauen entgegenbrachte und die sie in ihrer Persönlichkeit ernst nahm, konnte sich dementsprechend mitunter auch dadurch ausdrücken, dass sie beim Essen mit auswärtigen Gästen am Tisch der Kinder Platz nahm und das Gespräch mit dem Besuch anderen überließ. Vgl. Becker: Begegnung, 1975, S. 15.

404 Vgl. hierzu Kapitel 3.3 und auch das folgende Kapitel 5.2.

405 Vgl. Interview mit Armin Lüthi durch Judith Büschel, 29.01.2003.

aus entwickelten pädagogischen Leitlinien das Leben an der Ecole d'Humanité prägte.

Damit war sie auch in Goldern wieder so übermäßig ausgelastet, dass die ihr Nahestehenden um ihre Gesundheit fürchteten: „Nötig ist nur, dass Edith ein wenig entlastet wird, oder dass Sie sich nicht soviel Lasten auferlegt. Ich fand, dass das letzte Jahr sie doch mitgenommen hat"[406]. Auch sie selbst empfand ihre Arbeit als praktische Leiterin der Schule trotz jahrzehntelanger Erfahrung als anstrengend und konstant herausfordernd: „Wir haben sehr viele Kinder und auch sehr viele Mitarbeiter, dass es trotzdem nicht so einfach ist eine solche Schule zu führen, empfinde ich immer wieder von Neuem. Das ist ein Geschäft, in dem man nie auslernt"[407]. Anhand dieses Zitats wird jedoch auch deutlich, dass sich ihr Selbstverständnis in Bezug auf ihre Arbeit entscheidend gewandelt hatte und sie sich selbst durchaus auch als Schulleiterin verstand, was sie zur Zeit der Odenwaldschule wohl kaum in dieser Form geäußert hätte. Dieses Selbstbewusstsein wird durch ihre langjährige Arbeit und die damit verbundenen Erfahrungen sowie durch die Psychoanalyse gefestigt worden sein. Darüber hinaus kann man diesen Wandel wohl auch der zunehmenden Altersschwäche Paul Geheebs und der damit verbundenen Aufgabenerweiterung und Arbeitsbelastung für Edith Geheeb zuschreiben. Zudem zeigt sich auch anhand ihrer – über das genannte Zitat hinausgehenden – Darstellung des Schullebens in den von ihr geführten Korrespondenzen, dass sie die Schule im Laufe der Jahre zunehmend auch als *ihr* Projekt empfand und sie somit auch in den beschriebenen Tätigkeitsfeldern relativ eigenständig agierte.

5.2 Der Tod Paul Geheebs und Konsequenzen für die Schulleitung

Auch wenn Paul Geheeb beim Einzug in Goldern schon 76 Jahre alt gewesen war, gestaltete er vor allem den inneren Aufbau der Ecole d'Humanité noch wesentlich mit, zumal er zu diesem Zeitpunkt weder nennenswerte körperliche noch geistige Abstriche machen musste. Er leitete nach wie vor die Schulgemeinden, nahm an den täglichen Mitarbeiterkonferenzen teil und versuchte somit auch hier, sowohl SchülerInnen als auch MitarbeiterInnen von seinen Vorstellungen und Werten zu überzeugen und die Gemeinschaft dem ersehnten Niveau einer Schule der Menschheit anzunähern. Auch auf zahlreichen Vortragsreisen im In- und Ausland versuchte er, diese Ideen zu verbreiten. Allerdings musste Paul Geheeb mit Beginn seines neunten Lebensjahrzehnts auch zunehmende

406 AEdH, Kurt Kläber an Paul Geheeb, 14.01.1949.
407 AEdH, Edith Geheeb an Edith Solmitz, 18.09.1954.

Einschränkungen seiner Arbeit in Kauf nehmen, da er aufgrund kleinerer und größerer Krankheiten und Gebrechlichkeiten mitunter mehrere Wochen zurückgezogen im Bett seiner Studierstube verbringen musste und dem Schulalltag somit konkret nicht zur Verfügung stand: „Viele Kinder waren gekommen und zum Teil auch wieder gegangen, ohne dem Leiter der Schule auch nur ein einziges Mal begegnet zu sein“[408].

Nicht nur aufgrund dieses mangelnden Einflusses kam es zu Verständigungsproblemen zwischen ihm und seinen MitarbeiterInnen, von denen – wie er behauptete – „die Mehrzahl kein Verständnis für die Ideen meiner Schule [hat]“[409], und die er deshalb streckenweise als unzureichend für die Umsetzung seiner Ecole d'Humanité empfand. Ein Teil dieser MitarbeiterInnen stieß sich tatsächlich an der auf sie zumindest teilweise doch unzeitgemäß wirkenden Ideenwelt Paul Geheebs bzw. an daraus resultierenden strikten Vorschriften der Umsetzung[410]. Seine zunehmende körperliche Gebrechlichkeit, der allerdings nach wie vor geistige Wachheit gegenüberstand, wird diese Wahrnehmung wahrscheinlich genau so verstärkt haben, wie auch seine schon beschriebene Starrsinnigkeit und bisweilige Dominanz über andere Meinungen Konflikte noch verschärften.

Mitunter verdichteten sich diese Schwierigkeiten zu einer größeren Krise wie etwa 1954, als eine Gruppe von MitarbeiterInnen Geheeb nach längerer Krankheit dazu aufforderte zurückzutreten: „Punkt für Punkt warfen sie ihm vor, dass er unfähig sei, die Schule weiterhin zu leiten“[411]. Auch wenn Paul Geheeb diesen Konflikt schließlich mit der lapidaren Nachfrage, wer denn dann sein Nachfolger werden solle, beendete, zeigt eine solche Episode doch vor allem, dass die Schule der Anwesenheit ihres Gründers nach wie vor bedurfte – ob als tatsächlicher geistiger Leiter und Wortführer oder nur als ‚Verkörperung‘ der übergreifenden Idee – und bei dessen Abwesenheit selbst zu kranken begann.

War diese Mitarbeitermisere durch das Ausscheiden vieler Beteiligter im darauf folgenden Jahr bereits vergessen[412], litt Paul Geheeb auch 1955 an einer schweren Grippe, aufgrund derer er monatelang ausfiel und sich nur langsam und schlecht erholte.

---

408 Ullmann: Ecole d'Humanité, Examensarbeit 1964, S. 141.

409 AEdH, Paul Geheeb an Kurt Kläber, 03.11.1958.

410 So weigerte sich Paul Geheeb beispielsweise, das Tischtennisspielen an der Schule zu erlauben.

411 Ullmann: Ecole d'Humanité, Examensarbeit 1964, S. 141. Leider gehen die genauen Anklagepunkte bzw. Anliegen der betreffenden MitarbeiterInnen weder aus der Darstellung Ullmanns noch aus anderen hier vorliegenden Quellen hervor.

412 AEdH, Edith Geheeb an Kurt Kläber, 11.01.1955.

In solchen Zeiten übernahm Edith Geheeb die vollständige Leitung der Ecole d'Humanité und trat somit auch verstärkt in der Öffentlichkeit in Erscheinung, in der sie die Schule und ihren Mann offiziell vertrat. Doch auch im alltäglichen Schulleben übernahm sie seine Aufgaben und sicherte damit den Zusammenhalt der Schule. Sowohl in den Mitarbeiterkonferenzen als auch in der Schulgemeinde musste sie somit mehr in den Vordergrund treten, als es ihr in ihrer bescheidenen und zurückhaltenden Art eigentlich lieb war: „Ich muss jetzt zur Schulgemeinde, das ist mir auch schrecklich, wenn Paulus nicht dabei ist. Ich bin kein Volksredner und will auch keiner sein, und ich muss es trotzdem sein“[413]. Insgesamt war sie im Hinblick auf die Schulgemeinden und Konferenzen jedoch stets bemüht, vor allem im Interesse Paul Geheebs zu argumentieren und mit ihrer eigenen Position – sofern diese von der ihres Mannes abwich – zurückzuhalten:

> Ein Menschenalter fast lebte sie schon als Mitarbeiterin ihres Gatten und konnte viele offene Fragen in seinem Geiste diskutieren. [...] Es zeugt für ihre Größe, dass sie in manchen Fällen die abweichenden Ansichten des nicht anwesenden Paul Geheeb gegen ihre eigenen in den täglichen Mitarbeiterkonferenzen zu bedenken gab.[414]

Durch diese Loyalität und Treue sicherte sie der Ecole d'Humanité auch in diesen schwierigen Zeiten die Geheebsche Ausrichtung und war für ihren Mann die entscheidende Verbindung zum Alltag der Schule. Dabei kam ihr sowohl „ihre besondere Begabung, komplizierte Zusammenhänge schnell zu durchschauen und das Wesentliche anderen verständlich zu machen, sehr zustatten“[415], als sich auch ihr nahes, unmittelbares Verhältnis zu den meisten Kindern und MitarbeiterInnen positiv ausgewirkt haben mag. Hatte sie schon in der Odenwaldschule immer wieder zwischen den Eigenarten ihres Mann und den Bedürfnissen der MitarbeiterInnen vermittelt, erfuhr diese Rolle vor allem in Paul Geheebs letzten Jahren an der Ecole d'Humanité noch einmal eine Erweiterung, da Edith Geheeb ihn nun schon von Anbeginn der Diskussionen vertrat. Zugleich war sie sehr darum bemüht, ihren Mann vor all zu viel Aufregung und Trubel zu bewahren, und verzichtete bisweilen auch auf kurzen Urlaub in der Befürchtung, „dass womöglich durch meine Abwesenheit mehr Unruhe an Paulus herankommt“[416].

---

413 AEdH, Edith Geheeb an Edith Solmitz, 27.05.1955.
414 Ullmann: Ecole d'Humanité, Examensarbeit 1964, S. 143.
415 Ebda. S. 143.
416 AEdH, Edith Geheeb an Edith Solmitz, 17.08.1955.

Die lange Krankheit Paul Geheebs in den Jahren 1954/55 rückte zugleich auch erstmals die Frage nach seinem Tod und etwaigen damit verbundenen Konsequenzen für die Leitung der Schule ins Augenmerk der Beteiligten. Dabei schien von Anfang an klar gewesen zu sein, dass Edith Geheeb diese Aufgabe nicht allein bewältigen konnte und wollte[417]. Als Mitleiter der Schule waren von Anfang an vor allem der Mitarbeiter Armin Lüthi und seine Frau Natalie Lüthi-Peterson im Gespräch[418]. Schon 1955 schrieb Edith Geheeb: „Manchmal kam mir ja der Gedanke, ob Ihr unsere Arbeit hier fortsetzen würdet; aber Pläne machen liegt Paulus und mir so wenig“[419]. Nachdem Armin Lüthi die Schule 1950 zunächst für sechs Jahre verlassen hatte und auch Nathalie Lüthi-Peterson zeitweilig abwesend war, um sich in den USA anderen pädagogischen Projekten zu widmen, bemühten sich die Geheebs deshalb sehr darum, sie für eine weitere Mitarbeit zu gewinnen: „Wie glücklich wären wir, wenn wir Euch haben könnten, wenn wir wieder mit so verständnisvollen und hingebenden Menschen zusammen arbeiten könnten, die ganz in unserem Sinne Erziehung auffassen“[420]. Nach der Rückkehr der Lüthis und mit der Rekonvaleszenz Paul Geheebs rückte dieses Thema zunächst jedoch wieder in den Hintergrund, zumal es Paul Geheeb bei besserem Gesundheitszustand schwer fiel, die Möglichkeit einer anderen Leitung – trotz andauernder Zustimmung zu den Lüthis – zu akzeptieren. Nach wie vor betrachtete er die aus der Odenwaldschule hervorgegangene Ecole d’Humanité als seine Schule, die folglich auch auf seinen Rat und seinen Einsatz angewiesen war und ohne ihn möglicherweise zerfallen würde[421]. Da sich neben Edith Geheeb auch zahlreiche Genossenschaftler und andere der Ecole verbundene Personen[422] für Lüthis aussprachen, freundete sich auch Paul Geheeb langsam mit dem Gedanken an eine zu treffende

417 Ein solches Arbeitspensum allein zu verrichten stand für Edith Geheeb nicht zur Debatte. Immerhin war sie zum Zeitpunkt von Paul Geheebs Tod auch bereits 76 Jahre alt. Vgl. Interview mit Irmi Jones durch Judith Büschel, 30.01.2003.

418 Vgl. Interview mit Irmi Jones durch Judith Büschel, 30.01.2003.

419 AEdH, Edith Geheeb an Armin Lüthi, 10.03.1955.

420 AEdH, Edith Geheeb an Nathalie Lüthi-Peterson, 25.05.1955.

421 Sehr deutlich veranschaulichte Kurt Kläber in einem Brief an Armin Lüthi diese Haltung Paul Geheebs: „Bei Paulus habe ich das Gefühl […], daß er einfach aus einem inneren Gefühl jede Möglichkeit des Sterbens oder einer Nachfolge ablehnt. Er ist nicht der einzige Mensch, bei dem solche Gefühle auftreten und ich kann sie deswegen auch Paulus gegenüber schwer äussern. Als es ihm in den vergangenen Jahren sehr schlecht ging, war er zu allem bereit, auch Sie einzusetzen. Heute betrachtet er eben aus seinen innerlichen Gefühlen heraus alle diese Gedanken als eine Negierung seiner Möglichkeit die Schule noch 5 oder gar 10 Jahre selbst zu leiten.“ AEdH, Kurt Kläber an Armin Lüthi, 25.06.1958.

422 Vgl. hierzu u.a. zum Beispiel AEdH, Eva Cassirer an Armin Lüthi, 06.06.1958; Martin Wagenschein an Armin Lüthi, 23.08.1958; Kurt Kläber an Armin Lüthi, 25.06.1958.

Regelung über seine Nachfolge an, sodass 1959 auch offiziell die Bereitschaft Lüthis für die Stelle des Schulleiters, „wenn dieser sich veranlasst sehen wird, sein Amt niederzulegen“[423], erklärt wurde.

In seinen letzten Lebensjahren zog sich Paul Geheeb zunehmend in seine Studierstube zurück, wo er nach wie vor seine Korrespondenzen pflegte und nachdachte, und überließ die praktische Arbeit Edith Geheeb und ihren Helfern. Auch wenn er in seiner letzten Zeit doch verstärkt auf ihre Hilfe angewiesen war, empfand sie für ihn nach wie vor Bewunderung und Achtung: „Ich habe immer das Gefühl, dass ein geheiligtes Leben seinen Gang und Ablauf nimmt und dass ich kein Recht habe mit meinen kleinen Weisheiten dazuzutun“[424]. Auch in den stressvollen Zeiten, in denen vor allem sie die Geschicke der Schule verantwortete und er krank danieder lag, hatte Edith Geheeb immer wieder betont, von ihm Unterstützung und Kraft zu erfahren: „Ich hole mir immer wieder Mut von ihm, und eigentlich müsste es doch umgekehrt sein; wir anderen sollten ihm Kraft und Vertrauen geben“[425].

Sein Tod am 1. Mai 1961 war deshalb ein großer und schmerzlicher Verlust für Edith Geheeb, den sie zwar unter anderem mit Hilfe der indischen Philosophie zu bewältigen suchte, der sie zunächst aber mit der Verantwortung für ein pädagogisches Erbe von besonderem Ausmaß allein ließ:

> Ich habe immer aus der Erkenntnis gelebt, dass der Körper vergeht, der eigentliche Mensch aber unsterblich ist. Das sollte mir jetzt auch helfen. Vielleicht hilft es auch. Aber der Schmerz ist gegenwärtig und nicht hinwegzudenken. Vorerst will ich hier mitarbeiten wie bisher; wie lange übersehe ich selber nicht.[426]

Da die Lüthis bis zu diesem Zeitpunkt noch in keiner Weise an den schulleiterischen Aufgaben teilgenommen hatten[427], mussten sie nach ihrer offiziellen Aufnahme in die Schulleitung durch den Vorstand der Genossenschaft erst einmal durch Edith Geheeb mit den neuen, umfangrei-

---

423 AEdH, Armin Lüthi an den ‚Vorstand der Genossenschaft „Freunde der Ecole d'Humanité“ und an die Mitarbeiter der Schule‘, 31.03.1959.

424 AEdH, Edith Geheeb an Kurt Kläber, 20.06.1975.

425 AEdH, Edith Geheeb an Kurt Kläber, 07.05.1955. Solche Aussagen Edith Geheebs kann man jedoch – zumindest teilweise – auch als Ausdruck eines Topos ansehen, mit dem sie ihr eigenes Schaffen wiederholt in den Schatten Paul Geheebs stellte und ihm somit Züge eines Gurus oder Heiligen zuschrieb.

426 AEdH, Edith Geheeb an Ilse Harless, 05.05.1961, zitiert nach Biodaten Näf.

427 Interview mit Armin Lüthi durch Judith Büschel, 29.01.2003.

chen Tätigkeiten vertraut gemacht werden[428]. Dabei übernahmen sie die durchaus nicht einfache Aufgabe, eine zwar in sich etablierte Schule von dem Gründungsvater persönlich zu übernehmen und ohne seine charismatische Führung in einer sich stark verändernden Gesellschaft auszukommen:

> Wir alle übernehmen nach Massgabe unserer Kräfte eine schwere Verpflichtung: unsere von dem grossen Menschenfreund Paul Geheeb gegründete Schule in seinem Sinne weiterzuführen. Was das bedeutet kann ich nicht in wenigen Worten umschreiben [...][429]

Wie dieser Übergang letztlich glückte, ist selbst für Armin Lüthi im Nachhinein schwer zu beschreiben: „Es ist wirklich verflixt, wie hat denn das funktioniert, wie soll man denn das beschreiben“[430]? Fest steht, dass sich die Zusammenarbeit mit den Lüthis als problemlos und in jeder Hinsicht fruchtbar erwies, was für Edith Geheeb eine Erleichterung in ihrer Trauer und auch in ihrer Sorge um die Schule gewesen sein muss: „Und dann haben wir das Glück gehabt, einen Lüthi zu haben. Da haben wir nun wirklich Glück gehabt. Und Natalie, die dürfen wir nicht vergessen“[431].

In den nächsten Jahren teilten Edith Geheeb und Armin Lüthi die Aufgaben der Schulleitung untereinander auf: „Es war schon so, dass Edith und ich das noch einige Jahre zusammen gemacht haben, also zum Beispiel die Aufnahmen der Kinder haben Edith und ich gemacht“[432]. Allmählich übernahm aber Armin Lüthi den größeren Teil der Leitung, wählte etwa die Mitarbeiter aus und leitete die Konferenzen, ohne dass sich die inzwischen auch schon achtzigjährige Edith Geheeb vollständig zurückgezogen hätte. Wenn sie im Laufe ihres Lebens auch immer wieder geäußert hatte, genug vom Leben in und für die Schule zu haben[433], trug sie auch nach dem Tod Paul Geheebs die Verantwortung weiter und blieb der auf den Idealen ihres Mannes basierenden und von ihnen bei-

---

428 Da Natalie Lüthi-Peterson zu dieser Zeit allerdings vorrangig durch die Sorge um die eigenen, noch jungen Kinder in Anspruch genommen war, teilten sich zunächst in erster Linie Edith Geheeb und Armin Lüthi die Arbeit.

429 AEdH, Ordner ‚Texte Edith Geheeb‘, Rede Edith Geheebs zur Eröffnungsschulgemeinde 1961, 04.09.1961.

430 Interview mit Armin Lüthi durch Judith Büschel, 29.01.2003.

431 AEdH, Interview mit Edith Geheeb durch Dr. Otto Kopp, Luzern 1970, S. 59.

432 Interview mit Armin Lüthi durch Judith Büschel, 29.01.2003.

433 Am 12.10.1945 (!) schrieb sie beispielsweise an ihren Bruder und dessen Frau: „Ich muss Euch immer wieder betonen: mir persönlich könnte nichts besseres passieren als am Schwarzsee mit einer kleinen Gruppe Kinder bleiben zu können um dann eines Tages – hoffentlich in nicht allzuferner Zeit auf dem etwa eine Stunde entfernten Friedhof in Sangernboden begraben zu werden.“ AEdH, Edith Geheeb an Eva und Kurt Cassirer, 12.10.1945.

den umgesetzten reformpädagogischen Arbeit treu: Ihre „Eigenständigkeit, bei vollem Einsatz für Paulus' Ideenwelt, zeigte sich in der vierten Phase ihres Lebens, als sie nach Paulus' Tod im Jahre 1961 sich nicht ins Privatleben zurückzog, sondern weiterhin in und für die Schule tätig blieb, indem sie Armin und Natalie Lüthi bei der Verwirklichung der von Paulus erstrebten Ecole d'Humanité in ihrer eigenen Weise stützte"[434]. Diese Treue dem gemeinsamen Werk gegenüber, die letztlich auch das Lebenswerk Edith Geheebs vollendete, zeigte sich unter anderem darin, dass sie bis an ihr Lebensende – von zahlreichen Reisen abgesehen – stets in der Schule lebte und weiterhin ihre respektive Paul Geheebs Meinung kundtat: „... und ja, sie war natürlich eine sehr starke Präsenz, sie kam natürlich in die Konferenzen, sie hat gelegentlich mal geschimpft, das konnte sie auch ganz gut"[435]. Nach wie vor sah sie es als ihre Aufgabe an, sich für das Wohlergehen der MitarbeiterInnen und vor allem der SchülerInnen einzusetzen: „Abgesehen von den vorher mehr organisatorischen Fragen besteht ja schliesslich als wichtigste die lebendige Schule mit Erwachsenen und Kindern, und mich diesen Fragen zu widmen, erscheint mir das Wesentlichste"[436]. Stets stand sie als Ansprechpartnerin und Ratgeberin zur Verfügung und blieb auch in fortgeschrittenem Alter wach und aufmerksam den Problemen jedes Einzelnen gegenüber: „This ever-fresh concern and attention was remarkable"[437]. Diese Rolle nahmen auch Außenstehende bei Besuchen in der Ecole d'Humanité deutlich wahr: „Es war schön, wieder bei dir zu sein + zu sehen wie sehr du doch noch in der Ecole lebst und wirkst (trotz der Bemerkung, dass Du nur noch einen Teil der Kinder kennst)"[438].

Ihr Verantwortungsgefühl Paul Geheebs und ihrem gemeinsamen Werk gegenüber wird in ganz besonderer Weise auch in den Querelen um den Verkauf der Odenwaldschule in den 60er Jahren deutlich. Nachdem die Geheebs eine Rückkehr an die Odenwaldschule nach Deutschland 1945 deutlich abgelehnt hatten[439] und stattdessen Minna Specht als

---

434 Ritsema: Edith Geheeb-Cassirer, 1982, S. 10.

435 Interview mit Armin Lüthi durch Judith Büschel, 29.01.2003.

436 AEdH, Edith Geheeb an Uri Dotan, 04.03.1966.

437 Swan: Ohne Titel, 1975, S. 114.

438 AEdH, Uri Dotan an Edith Geheeb, 07.08.1971.

439 Trotz der anhaltenden Bitte von Heinrich Sachs, zurückzukehren und das Schicksal der Odenwaldschule wieder in die Hand zu nehmen, misstrauten die Geheebs sowohl ihm, als sie auch die politischen Zustände in Deutschland unerträglich fanden und dem Land prinzipiell keine aussichtsreiche Zukunft vorhersagten: „I could not have any trust in the new Germany, but I rather found my former home to be a chaos on which cultural work in my sense would be impossible for many years." Paul Geheeb zitiert in: Shirley: Politics of progressive education, 1992, S. 198.

Direktorin eingesetzt worden war[440], wurden das Grundstück und die Gebäude in Oberhambach der Erbengemeinschaft Geheeb-Cassirer übertragen, die sich aus Edith Geheeb und ihrem – mit seiner Frau wieder in der Odenwaldschule lebenden – Bruder Kurt Cassirer zusammensetzte.

Das nach dem Krieg bestehende Pachtverhältnis zwischen der Erbengemeinschaft und dem gemeinnützigen Verein Odenwaldschule erwies sich letztlich als unhaltbar[441] und auch Edith Geheeb, die sich einige Zeit geweigert hatte, den gesamten Besitz aufzugeben und dadurch jegliches Mitspracherecht an der Odenwaldschule zu verlieren, willigte schließlich in den Verkauf ein. Die tatsächlichen Kaufverhandlungen zogen sich allerdings insgesamt über sechs Jahre hin, da Edith Geheeb neben dem Wohlwollen für die Odenwaldschule und einer eigenen gesicherten Rente vor allem auch die Zukunft der Ecole d'Humanité als das entscheidende Argument für die Modalitäten des Kaufvertrags ansah und dementsprechend mit Vehemenz für eine möglichst große Verkaufssumme eintrat[442]. Eine ausführliche Betrachtung dieses Konflikts, der auch das Verhältnis Edith Geheebs zu ihrem Bruder – wenn auch nicht wesentlich – strapazierte, würde an dieser Stelle zu weit führen. Die Tatsache jedoch, dass sie mit Sturheit und langem Atem für die Interessen der Ecole d'Humanité und das Geheebsche Werk eintrat, verdeutlicht noch einmal ihre ungebrochene Loyalität ihrem Mann gegenüber auch über seinen Tod hinaus, als es zugleich auch ihre eigenen, eng damit verwobenen Ideale und ihr uneingeschränktes Verantwortungsgefühl dafür

---

440 Die Reformpädagogin und Sozialistin Minna Specht wurde, nachdem Kurt und Eva Cassirer sie als Nachfolgerin in der Leitung vorgeschlagen hatten, auch von Edith und Paul Geheeb favorisiert, unter anderem auch aufgrund ihres Aufsehen erregenden Aufsatzes „Gesinnungswandel" im Rahmen ihrer Arbeit für das „German Educational Reconstruction Committee" (G.E.R.). Die darin dargelegte Konzeption für die Nachkriegserziehung und Umerziehung der Nazijugend versucht sie auch an der Odenwaldschule umzusetzen, bis sie die Leitung 1951 zugunsten anderer pädagogischer Projekte abgab. Vgl. hierzu vor allem Hansen-Schaberg: Minna Specht, Kapitel 1.4.4ff. Zur Absetzung von Sachs vgl. auch Anmerkung 280.

441 Vgl. hierzu unter anderem AEdH, Hermann Freudenberg (der Vorsitzende des Trägervereins OSO) an Edith Geheeb, 25.08.1965: „So ist die Anerkennung der Gemeinnützigkeit des Vereins OSO, die ihn in die Lage versetzt, Staatszuschüsse und Spenden zu erhalten, durch die Handhabung der letzten Jahre ernstlich gefährdet. Es werden ständig öffentliche Mittel und Spenden, die dem Verein OSO zufliessen, dazu benutzt, den Vermögenswert der Erbengemeinschaft durch Neuanschaffungen und bauliche Verbesserungen zu vermehren."

442 Zu diesen langjährigen Auseinandersetzungen vgl. vor allem die Korrespondenz Edith Geheebs mit Kurt und Eva Cassirer in den Jahren 1962 bis 1968 im Geheeb-Archiv in Goldern.

deutlich macht. Auch als der Kaufvertrag[443] 1968 schließlich zustande kam, willigte sie vor allem um des Friedens willen ein, war aber nicht wirklich zufrieden: „Unter uns gesagt finde ich den Abschluss schäbig. Ich kann mich nur damit trösten, dass wir eben der Odenwaldschule und dem armen hessischen Staat ein grosses Geschenk gemacht haben“[444].

Einen großen Teil des so erworbenen Vermögens setzte sie 1969 für dringend notwendige Ausbauarbeiten an der Ecole ein[445], welche sowohl zahlreiche überfällige Reparaturen als auch den Neubau dreier weiterer Häuser umfassten. Auch beim Eintreiben zusätzlicher für diesen Bau benötigter Spenden war Edith Geheeb maßgeblich beteiligt: „Da hat Edith natürlich auch alles in Bewegung gesetzt, um Hilfe zu bekommen und hat Freunde angeschrieben und gebettelt“[446]. Nicht zuletzt wird die Ecole d'Humanité auch hier wieder einmal stark von ihrem Fachwissen profitiert haben, war sie doch quasi die einzige der Anwesenden, die schon einmal den Bau einer neuen Schule miterlebt und gestaltet hatte, um die relevanten Aspekte wusste und mit den Höhen und Tiefen eines solchen Unternehmens vertraut war. Mit der Fertigstellung dieses Ausbaus konnte der Schule wieder einmal ihre Existenz gesichert werden.

Selbstverständlich fanden im Laufe der folgenden Jahre auch Veränderungen im Schulleben statt, denen Edith Geheeb prinzipiell zwar stets aufgeschlossen, allerdings mitunter auch skeptisch gegenüber stand. Nach wie vor war sie auf den Erhalt der ursprünglichen Schulkonzeption bedacht. Als Armin Lüthi 1974 die Psychologin Ruth C. Cohn an die Ecole d'Humanité holte, um die von ihr entwickelte und angewandte Themenzentrierte Interaktion (TZI) auch für das Zusammenleben an der Schule fruchtbar zu machen, hatte Edith Geheeb durchaus Vorbehalte, ohne sich diesem Schritt in den Weg zu stellen[447]. In Übereinstimmung

443 Ein „Entwurf eines Grundstückskauf- und Erbbaurechtsvertrages“ befindet sich in der Korrespondenz Edith Geheeb – Kurt und Eva Cassirer im Archiv der Ecole d'Humanité.

444 AEdH, Edith Geheeb an Martin Wagenschein, 03.03.1969. Unter welchen Bedingungen der Staat Hessen an diesem Kaufvertrag beteiligt war, lässt sich anhand der vorliegenden Quellen leider nicht genau ermitteln.

445 Vgl. Interview mit Irmi Jones durch Judith Büschel, 30.01.2003. Deutlich wird dies auch in der Korrespondenz Edith Geheebs mit ihrem Bruder und ihrer Schwägerin: Vgl. AEdH, Korrespondenz Edith Geheeb mit Kurt und Eva Cassirer.

446 Interview mit Armin Lüthi durch Judith Büschel, 29.01.2003.

447 TZI stellt – vereinfacht ausgedrückt – ein „Kommunikations- und Kooperationsmodell für die Arbeit mit Gruppen [dar], das sich an humanistischen Werten orientiert und das sowohl das persönliche Wachstum der TeilnehmerInnen wie auch ihr gesellschaftlich-politisches Bewußtsein fördern will“: Hagleitner: Mit Lust an der Welt, 1996, S. 114. Zu Ruth C. Cohn und TZI siehe darüber hinaus u. a. Cohn: Von der Psychoanalyse zur themenzentrierten Interaktion, [11]1992; Cohn; Klein: Großgruppen gestalten mit TZI, 1993; Löhmer; Standhardt: TZI, 1992.

mit den Überzeugungen und Prinzipien der Geheebs lieferte die Auseinandersetzung mit der TZI Ruth Cohns gewissermaßen die theoretisch fundierte Grundlage für eine Form des Zusammenlebens und Zusammen-Redens, die schon lange davor intuitiv in der Ecole praktiziert wurde. Auch wenn Edith Geheeb ein lebenslang großes Interesse an Psychologie hatte, nahm sie an den regelmäßigen Treffen Ruth Cohns mit dem Lehrerkollegium so gut wie nicht mehr teil, wohl auch, weil sie sich zu diesem Zeitpunkt schon sehr aus der Schulleitung zurückgezogen hatte: „Lüthi ist wohl ein bischen unglücklich, dass ich nicht mit vollen Segeln ihr entgegengehe“[448]. Dabei fühlte sie sich zum einen nicht mehr wirklich bereit dazu, sich auf die Themenzentrierte Interaktion einzulassen:

> Ich muss mich damit abfinden, dass eine neue Jugend hier aufwächst und neue Mitarbeiter, und dass ich zu den wenigen gehöre, die noch voll zu den alten Traditionen stehen. Aber denke nicht, dass ich das wehmütig schreibe. Die neue Zeit hat ihr Recht, und ich muss es ihr zugestehen.[449]

Zum anderen mag die Skepsis dieser Neuerung gegenüber auch aus einem Rivalitätsempfinden und etwaigen damit verbundenen Eifersuchtsgefühlen hergerührt haben[450], auch wenn Ruth Cohn Edith Geheebs Stellung in der Schule in keiner Weise in Frage stellen wollte.

Diese Stellung und ihr Wirken dafür, „dass das Leben in unserer Gemeinschaft, in der Paulus-Gemeinschaft in Liebe vor sich geht“[451], sorgten neben ihrem großen Vertrauen in die Lüthis und in deren Wohlsorge um das von Paul Geheeb und ihr geschaffene Werk für den Erhalt desselben, wie auch mit dem Wesen der ‚alten‘ Schule vertraute Altschüler feststellten:

> Mir scheint, das Seltene wird glücken und die Kontinuität erhalten bleiben. Mit vielen, vielen Aenderungen, aber das zeugt ja nur von der Lebendigkeit der Entwicklung. Schliesslich sind Paulus und Lüthi zwei Welten und andere Epochen. Aber wahrscheinlich nur so kann es überhaupt weiter gehen.[452]

Von einem wirklichen Rückzug Edith Geheebs aus den Belangen der Ecole d’Humanité und dem aktiven Schulleben aufgrund zunehmender Altersschwäche kann man erst seit ihrem 93. Lebensjahr sprechen[453],

---

448 AEdH, Edith Geheeb an Martin Wagenschein, 10.09.1075.

449 AEdH, Edith Geheeb an Roswita Zeissner, 26.06.1076, zitiert nach Biodaten Näf.

450 Vgl. Interview mit Armin Lüthi durch Judith Büschel, 29.01.2003: „Jemand hat mal gesagt, das geht doch nicht mit zwei Königinnen und es war ein bißchen so … zwei so dominante Frauen!“

451 AEdH, Edith Geheeb an Emmi Hirschberg, 11.01.1963.

452 AEdH, Uri Dotan an Edith Geheeb, 07.08.1971.

453 Vgl. Interview mit Armin Lüthi durch Judith Büschel, 29.01.2003.

auch wenn sie noch kurz vor ihrem Tod beratend an den Konferenzen teilnahm[454].

5.3 Privatleben

Obwohl die langen Jahre in Goldern für Edith Geheeb nach wie vor durch ein immenses Arbeitspensum und weitgehende Aufopferung für das Schulleben geprägt waren, gab es doch auch für sie hin und wieder die Möglichkeit, sich dem Ganzen eine Weile zu entziehen und privaten Bedürfnissen und Interessen nachzugehen, was sie mehr als nötig hatte:

> Die Zeit geht so schnell an mir vorbei. Ich bin ausserordentlich beschäftigt, es sind auch immer viele neue Entscheidungen zu treffen, es ist gar nicht einfach, alles zu leisten, dabei sehne ich mich natürlich oft nach Konzentration und Alleinsein, aber vorläufig ist es mir noch nicht gegönnt.[455]

Insgesamt betrachtete sie sich jedoch als ein nicht „so glücklich veranlagtes Wesen, dass ich mein Recht auf richtiges Leben mir in dem Masse so bewahrt habe, ausserdem blieb mir ja auch nichts anderes übrig als an der Seite von Paulus die äusseren Notwendigkeiten in die Hand zu nehmen, wenn wir zusammen etwas bestimmtes verwirklichen wollten“[456]. Immerhin fand sie auch in Goldern wie zuvor an der Odenwaldschule etwas Ruhe und Entspannung in der Gartenarbeit, bis sie 1960 aufgrund eines Hausbaus einen Teil von ihm aufgeben muss:

> In diesem besonderen Fall mache ich es mir gewiss nicht leicht, denn dieses Stück Garten herzugeben, finde ich wirklich bitter. Es war im Getümmel dieses Lebens für mich immer so eine Art Friedensinsel, diese Ecke da unten – abgeschützt durch die Hühner und sonstigen Stinktiere und durch den friedlichen Eingang bei der Zigeunerhütte vorbei, etwas, was eigentlich gar nicht mehr in unsere Zeit hineinpasst.[457]

Zuflucht fand sie darüber hinaus aber auch im so genannten ‚Grünen Winkel‘, einem Haus in der unmittelbaren Nachbarschaft, das die Geheebs Anfang der 50er Jahre angemietet hatten: „Wir haben jetzt ein Häuschen in einem Nachbarort gemietet, den so genannten Grünen Winkel; ich bin so gern dort und fühle mich glücklich, wenn ich einmal allein sein kann, denn hier steht ja die Tür nie still“[458]. Immer wieder konnte sie dort für ein paar Tage ausspannen und auch private Gäste ohne den ununterbrochenen Schultrubel empfangen.

---

454 Vgl. Wagenschein: Erinnerungen für morgen, ^{2}1989, S. 37.
455 AEdH, Edith Geheeb an Emmi Hirschberg, 28.06.1961.
456 AOSO, Edith Geheeb an Harald [Klarty], 23.06.1958.
457 AEdH, Edith Geheeb an Armin Lüthi, 29.06.1960.
458 AEdH, Edith Geheeb an Emmi Hirschberg; 21.02.1951.

Auch ihren geistigen Interessen und seelischen Bedürfnissen räumte sie zunehmend mehr Zeit ein, wozu ihre Analyse mit Alwine von Keller in nicht unerheblichem Maße beigetragen haben mag, wenn eine solche psychische Entwicklung in ihren Ursachen auch schwer zu belegen ist und keinesfalls auf ein grobes Ursache-Wirkungs-Schema reduziert werden darf.

Dennoch kann man davon ausgehen, dass diese Analyse quasi den Höhepunkt ihres Selbstfindungsprozesses darstellte[459] und ihr ein Selbstvertrauen gab, welches ihr half, den anstrengenden Alltag im Vergleich zu der Zeit in der Odenwaldschule relativ unbeschadet zu überstehen. Auch ihre schweren Depressionen konnte sie damit zumindest abschwächen, sodass sie „nicht mehr zu vergleichen mit den Depressionen der Mädchenzeit und der Jahre bis ca. 35“[460] waren und in der Folge von ihr vor allem auf körperliche Ursachen[461] zurückgeführt wurden.

In der Analyse mit Alwine von Keller hatte Edith Geheeb jedoch auch die Beziehung zu ihrem Mann ausführlich reflektiert und es ist trotz fehlender Belege anzunehmen, dass sie die Möglichkeiten und Grenzen dieser Beziehung dadurch deutlich erkannt und in einer mit ihren Bedürfnissen verträglichen Form anerkannt hat. Trotz aller erfahrenen Verletzungen und von ihr empfundenen Unzulänglichkeiten bewunderte sie Paul Geheeb nach wie vor und setzte weiterhin alles dafür ein, seine reformpädagogischen Ideen und ihre eigenen Auffassungen am Leben zu erhalten und in enger Zusammenarbeit mit ihm umzusetzen. Allerdings verwirklichte sie zugleich auch konsequent und unabhängig von ihm ihre eigenen Ziele wie beispielsweise ihr Studium der indischen Philosophie. Doch auch wenn die Geheebs dadurch bisweilen in gewisser Weise eigenständige Leben zu führen schienen, war ihr im Hinblick auf das von ihm oft zitierte Pindarwort ‚Werde, der du bist‘ stets klar: „Ich verdanke Paulus alles was ich bin“[462]. Mit seinem Tod war deshalb selbstverständlich ein großer Verlust verbunden, den sie nur langsam überwinden konnte. Im Nachhinein konnte sie für sich jedoch auch feststellen: „Ich bin erst nach Paulus Tod das geworden, was ich eigentlich bin“[463]. So schwierig es ist, als Außenstehender über eine persönliche, intime Beziehung fundiert zu urteilen, so schwierig ist es, die Dichotomie dieser beiden Aussagen Edith Geheebs zu verstehen. Allem Anschein nach ist mit dem Tod ihres Mannes für Edith Geheeb auch eine

459 Vgl. Ritsema: Edith Geheeb-Cassirer, 1982, S. 11.
460 AEdH, Edith Geheeb an Emmi Hirschberg, 09.05.1949.
461 Vgl. ebda.
462 Zitiert in Schwitalski: Pädagoginnen an Reformschulen, Dissertation 2001, S. 242.
463 Zitiert in ebda.

lebenslange Ambivalenz weggefallen. Bei aller anhaltenden Bewunderung für Paul Geheeb musste sie nun nicht mehr zwischen seinem schwierigen Wesen und der Umwelt vermitteln, sondern konnte – auch wenn sie nach wie vor auch in seinem Sinne agierte – unbefangener an Entscheidungen herangehen. Trotz dieser Loslösung und Erleichterung bestand die nahe Verbindung zu ihrem Mann auch über dessen Tod hinaus.

Einen tiefen geistigen Austausch erlebte sie jedoch auch weiterhin mit Aurobindo Bose, der sich immer wieder einige Monate im Grünen Winkel in Goldern aufhielt und studierte, sich bisweilen mit Übersetzungen und kürzeren Berufsepisoden wie beispielsweise bei der League of Nation in Genf finanzierte, zu einem großen Teil jedoch auch auf Kosten Edith Geheebs lebte. Nachdem sie 1968 mit dem aus dem Verkauf der Odenwaldschule erhaltenen Geld in der Lage war, auf dem Areal der Ecole ein kleines Häuschen zu bauen, zog Aurobindo Bose schließlich ganz zu ihr, sodass die beiden ihren Lebensabend gewissermaßen gemeinsam erlebten, bis er 1977 vor ihr starb[464]. Mit Aurobindo Bose konnte Edith Geheeb neben vielen anderen philosophischen Auseinandersetzungen ihre indischen Studien weitertreiben und ihr religiöses Verständnis erweitern[465]. Bei wichtigen Entscheidungen befragte sie stets den I Ging, jenes antike chinesische Werk, welches für Weissagungen und als moral-philosophischer Text verwendet wurde, und auch darüber hinaus bildete die östliche Denkweise einen entscheidenden Halt in ihrem Leben: „Ich möchte mir jeden Tag zum Bewusstsein bringen, dass man so leben kann, dass man schon in diesem Leben an das Grenzenlose angeschlossen ist. Dann kann man das Schicksal besser bewältigen, das eigene und das der Welt ringsum“[466]. Vielleicht konnte sie deshalb auch weiterhin so viele MitarbeiterInnen und SchülerInnen mit ihrer Kraft, Freude und Unterstützung überraschen: „Du aber sagtest, Du seiest eigentlich nur in der jenseitigen Welt ganz zu Hause. Vielleicht konntest Du deswegen so Vielen im Diesseits so hilfreich sein?“[467].

---

464 Edith Geheeb hatte stets befürchtet, vor ihm zu sterben, und ihn, der in der Schule keinen großen Rückhalt bzw. Freundeskreis hatte, allein zu lassen.

465 Dies geschah mit aller Selbstironie: „Ich kann mich bald wieder meinem indischen Fimmel fröhnen“, AEdH, Edith Geheeb an Alwine von Keller, 22.02.1950.

466 AEdH, Edith Geheeb an Martin Wagenschein, 01.11.1969.

467 Lüthi: An Edith! 1975, S. 115. Vgl. hierzu auch die Aussage des ehemaligen Mitarbeiters Jon Swan: „Edith could seldom withdraw and she often appeared exhausted. Yet even when she seemed most fatigued, a cat's prank or a chance remark by a child (or even by an adult) would bring from her a hearty laugh that was as fresh as spring water. Somewhere within her, it seemed, there was a reservoir she could draw on that was inexhaustible.“ Swan: Ohne Titel, 1975, S. 114.

Den Höhepunkt ihrer Beschäftigung mit der östlichen Philosophie bildete eine Reise nach Indien, die sie 1965 als immerhin schon Achtzigjährige unternahm. Dabei fühlte sie sich zugleich angezogen und abgestoßen von diesem Land:

> Die Reise schliesst soviel Herrliches mit ein: Begegnungen mit Menschen, Natur, Geschichtliches, Kunst (Tanz, Musik, Architektur, Skulptur aller Zeiten) Schulen, Fabriken, Tiererlebnisse. Die religiösen Stätten ziehen mich an und stossen z.T. ab, der Reichtum einzelner Schichten wird mir deutlich – und die entsetzliche Armut und Schmutz als Gegensatz. Schulen, Colleges, Universitäten habe ich besichtigt, in Santiniketan war ich drei Tage, reizend aufgenommen, Belur Math habe ich gesehen.[468]

Doch auch über die Erfüllung dieses heimlichen Traums hinaus reiste sie vor allem nach dem Tode Paul Geheeb mit und ohne Aurobindo Bose in diverse Länder. Hatte sie ihren Rückflug von Indien über Israel gelegt, wo sie ehemalige SchülerInnen und FreundInnen besuchte, zog es sie auch nach England, Griechenland und immer wieder ins nahe gelegene Italien.

Wie schon erwähnt, zog sich Edith Geheeb nur langsam aus dem aktiven Schulleben zurück. Allerdings lebte sie bis an ihr Lebensende in der Ecole, die nun zu guter letzt auch ihr Alterssitz wurde und die durch ihre Strukturen auch heute noch den SeniorInnen unter den MitarbeiterInnen sowohl die Möglichkeit bietet, sich weiterhin einzubringen, als auch durch die große Verbundenheit untereinander ein gesichertes und sorgenfreies Leben gewährt. Trotz kleinerer und größerer Krankheiten blieb Edith Geheeb jedoch agil und las etwa noch mit 89 Jahren Steine auf dem Sportplatz der Schule auf[469]. Dennoch kam auch bei ihr zunehmend das Gefühl auf, nicht mehr recht in diese Welt zu gehören:

> Zufällig fiel mir heute die Frankfurter Allgemeine in die Hand. Ich las und las und hatte das Gefühl, dass ich überhaupt nicht mehr in diese Welt passe oder besser ausgedrückt, dass ich diese Welt in keiner Weise verstehe. Es ist mir alles so fremd“[470].

Auch mit den Ansichten und Ausdrucksformen der Kinder und Jugendlichen hatte sie mitunter Schwierigkeiten:

> Die Schule ist […] bis zum letzten Platz besetzt. Es sind entzückende Kinder darunter, aber im Grunde wenig Menschen, die bereit sind, Opfer zu bringen

468 AEdH, Edith Geheeb an Eva und Kurt Cassirer, 30.12.1965.
469 Vgl. Lüthi: An Edith!, 1975, S. 115.
470 AEdH, Edith Geheeb an Kurt Kläber, 20.06.1957.

> und Verantwortung auf sich zu nehmen. Es ist eine merkwürdige Jugend – oder sind wir inzwischen merkwürdige Alte geworden?[471]

Das hinderte sie jedoch nicht daran, sich fortdauernd mit der sich ändernden Welt und all ihren aktuellen Erscheinungsformen kritisch auseinanderzusetzen, auch wenn sie in der indischen Philosophie durchaus auch Zuflucht vor dieser fand, und bis an ihr Lebensende geistig vollkommen klar und wach zu bleiben.

Aus ihrer letzten Reise in den Tessin musste man sie schließlich entkräftet mit dem Krankenwagen abholen. Am frühen Morgen des 29. Aprils 1982 starb sie im Krankenhaus Meiringen im Alter von 96 Jahren.

---

471 AEdH, Edith Geheeb an Edith Solmitz, 11.01.1955.

6. Resümee: Lebenswerk und Persönlichkeit

Betrachtet man Edith Geheebs langes Leben und Lebenswerk über diverse politische Zäsuren und Brüche hinweg, wird deutlich, dass ihr Anteil am Aufbau und Erhalt sowohl der Odenwaldschule als auch der Ecole d'Humanité bisher tatsächlich nur unzureichend betrachtet und bewertet worden ist. Zudem ist klar geworden, dass ein solcher Blick in die so genannte ‚zweite' Reihe der ProtagonistInnen der reformpädagogischen Bewegung unerlässlich für ein angemessenes Gesamturteil ist und gerade auch der Anteil der Frauen an dieser Bewegung bisher „nur lückenhaft dokumentiert und erforscht"[472] wurde.

Schon Edith Geheebs Kritik am bürgerlichen Elternhaus und ihre selbstständige Suche nach einer sinnvollen Tätigkeit und einer weiter gefassten Bildung verdeutlichen ihren Eigenwillen und ihre Emanzipation, aufgrund derer sie – obwohl ein solches Streben für bürgerliche Frauen ihrer Generation nicht unbedingt ungewöhnlich war – auf andere Frauen durchaus als Vorbild gewirkt hat: „There is no contribution from a woman in the official publications honoring you today, and yet we women have special reason to appreciate you and what your life stands for"[473]. Insbesondere mit Alice Salomon als Mentorin hatte Edith Geheeb es geschafft, ihren sozialen Interessen bewusst Ausdruck zu geben und – unabhängig von einer Heirat – zu ihrem Beruf als Pädagogin zu finden. Sehr früh gelangte sie deshalb zu einer reformpädagogischen Grundeinstellung, deren Prinzipien sie ihr Leben lang begleiten sollten. Allerdings führte die Abkehr von den bürgerlichen Vorstellungen und der entsprechenden Lebensweise nie zu einem Bruch mit ihrer Familie, im Gegenteil war ihre Verbundenheit zu ihrer Herkunft zeit ihres Lebens eine sehr starke und ausgeprägte, zumal ja auch gerade Max Cassirer bedeutenden Anteil am Aufbau und Erhalt der Odenwaldschule hatte.

Durch ihre Heirat mit Paul Geheeb und der damit verbundenen Auseinandersetzung mit seiner mitunter schwierigen Persönlichkeit wurde sie jedoch in eine ausgesprochen ambivalente Position hineingedrängt, die sie trotz ihres Strebens nach Selbstständigkeit zunächst in eine gewisse Abhängigkeit und Unterordnung führte. Gerade in diesen frühen Jahren ihrer Ehe war Edith Geheeb hin und her gerissen zwischen der Bewunderung für den Idealismus und die geistige Tiefe ihres Mannes

472 Schwitalski: Pädagoginnen an Reformschulen, Dissertation 2001, S. 8. Auf diesen Aspekt wies unlängst auch Inge Hansen-Schaberg mit ausdrücklichem Bezug auf Edith Geheeb in ihrer Arbeit über Minna Specht hin. Vgl. Hansen-Schaberg: Minna Specht, 1992, S. 358.

473 AEdH, Nathalie Lüthi-Peterson an Edith Geheeb, 05.08.1975.

und den Entbehrungen bzw. Verletzungen, die für sie aufgrund seiner mangelnden Fähigkeit, eine nahe Beziehung mit ihr zu führen, sowie durch die fehlende öffentliche Anerkennung ihrer Arbeit entstanden. Ausdruck eben dieser Unstimmigkeit zwischen ihren eigenen Bestrebungen nach einer unabhängigen Tätigkeit und der zumindest nach außen hin akzeptierten Rolle als einer ihrem Mann untergeordneten Frau waren vor allem ihre immer wiederkehrenden schweren Depressionen. Dabei sicherte sie – mit vielen Helfern vor Ort – der Odenwaldschule während so schwieriger äußerer Bedingungen wie dem ersten Weltkrieg oder der Weltwirtschaftskrise das organisatorische und finanzielle Überleben, vor allem indem sie jene basalen Funktionen wie beispielsweise die geschäftliche Korrespondenz erfüllte, die ein schulpädagogisches Wirken überhaupt erst möglich machen und die somit zu den grundlegenden Leitungsaufgaben an einer solchen Institution gezählt werden müssen[474].

Doch auch über die finanzielle und organisatorische Verwaltung hinaus gab sie der Odenwaldschule – wie auch später der Ecole d'Humanité – eine den zu Grunde liegenden pädagogischen Leitlinien entsprechende und konstante Ausprägung: Sowohl ihre Mitsprache bei der Auswahl der MitarbeiterInnen als auch vor allem ihre Arbeit als Familienmutter trugen dazu bei, den für die Odenwaldschule typisch familiären Charakter zu erhalten. Edith Geheebs Rolle als Ansprechpartnerin für Kinder und MitarbeiterInnen und ihre stete Vermittlung zwischen ihrem Mann und seiner Umwelt zeichneten sie dabei als verantwortungsbewusste Frau aus, die zudem auch über das Schulleben hinaus Kontakt zu ihren SchülerInnen hielt. Im Laufe der Jahre konnte sie durch ihre praktischen Erfahrungen und die damit verbundene permanente Reflexion ihres eigenen Tuns ihre pädagogischen Prinzipien im Vergleich mit Paul Geheebs und ihren ursprünglichen Idealen und Motiven erweitern bzw. präzisieren.

Während der Jahre des Exils, also mit der Gründung der Ecole d'Humanité, erfuhr Edith Geheebs Tätigkeitsbereich jedoch auch darüber hinaus allmählich eine Erweiterung, die auch ihr Selbstverständnis als Mit-Schulleiterin zunehmend und nachhaltig veränderte. Es ist mehr als fraglich, ob die Ecole ohne Edith Geheebs anhaltend enormen Einsatz während der aufwendigen und anstrengenden Suche nach immer neuen Un-

474 Die Problematik der Aufgabenverteilung zwischen den beiden leitenden Ehepartnern besteht bis heute. Obwohl auch heute viele Landerziehungsheime von Ehepaaren geführt werden, ist der Aufgabenbereich der Ehefrau in vielen Fällen immer noch nicht eindeutig definiert, was „die Repräsentation der Schule nach außen und innen, Machtverteilung und Anteile an der Arbeit verwischt". Schwitalski: Pädagoginnen an Reformschulen, Dissertation 2001, S. 28.

terkünften überlebt hätte. Zudem sicherte gerade sie durch ihr praktisches Geschick und ihr Improvisationstalent ein ums andere Mal das alltägliche Bestehen der Schule. Auch die Tatsache, dass Edith Geheeb zu einem großen Teil die rechtlichen Angelegenheiten der Institution regelte und diese damit auch zunehmend in der Öffentlichkeit vertrat, zeugt von diesem sich wandelnden Selbstverständnis. Obwohl sie sich nach wie vor nicht in den Vordergrund drängte und zeit ihres Lebens als bescheidener Mensch galt, zeigt sich doch, dass sie sowohl auf persönlicher Ebene, also vor allem im Verhältnis zu ihrem Mann, als auch im Hinblick auf ihr Verständnis als Reformpädagogin allmählich an Selbstbewusstsein gewann. Zu einem großen Teil werden auch ihre Erfahrungen in der Psychoanalyse und die anhaltende Auseinandersetzung mit der indischen Philosophie zu dieser Neuorientierung und dem daraus resultierenden stabilen persönlichen Wertgefüge beigetragen haben.

In Goldern fand dieser Prozess seine Fortsetzung. Auch hier managte sie wie schon an der Odenwaldschule die grundlegenden organisatorischen, finanziellen und nun auch juristischen Belange und gestaltete dadurch die schulische Realität wesentlich mit. Allerdings kann man gerade im Vergleich mit der Odenwaldschule erkennen, dass Edith Geheeb zunehmend unabhängiger agierte, zwar stets die Überzeugungen und Ideen ihres Mannes mitbedachte und auch oft mit zum Ausdruck brachte, letztlich aber viele – praktische wie pädagogische – Entscheidungen allein traf und verantwortete und somit der Schule ihre Existenz sicherte. Es fragt sich allerdings, inwieweit diese Entwicklung als eine tatsächliche Distanzierung von Paul Geheeb und seinen Vorstellungen interpretiert werden darf. Fest steht, dass Edith Geheeb bei all ihrer Bescheidenheit allmählich das Selbstbewusstsein entwickelt hatte, das ihrem umfangreichen Aufgabenbereich, den ihr zuzuschreibenden Errungenschaften und ihrem Können entsprach. Im Laufe der Jahre hatte sie eigene Vorstellungen, Arbeitsweisen und auch pädagogische Prinzipien entwickelt, von denen zwar vor allem letztere sehr an den Ideen Paul Geheebs orientiert waren, die aber nichtsdestotrotz eine Fundierung bzw. Erweiterung erfahren hatten, welche ihrer eigenen Reflexion und Entwicklung zuzuschreiben ist. Diese Eigenständigkeit spiegelte sich auch im privaten Bereich wider, da sie ihren philosophischen Interessen, einem Rückzug in den ‚Grünen Winkel' und ihren bisweiligen Erholungsreisen durchaus mehr Zeit einräumte. Zugleich stand sie jedoch nach wie vor in Kontakt zu ihrem Mann, den sie verehrte und dessen Anliegen sie auch in den Zeiten seiner krankheitsbedingten Abwesenheit lebendig zu machen suchte. Gleiches gilt auch für die Zeit nach seinem Tod, in der Edith Geheeb noch lange Zeit zumindest einem großen Teil ihrer Arbeit als

Schulleiterin nachging, stets aber auch „dem Geheebschen Geist nahe“[475], also stets darauf bedacht war, die Erinnerung an ‚Paulus‘ wach zu halten.

Bei aller Treue zu ihrem Mann und dem gemeinsamen Werk gegenüber muss man also festhalten, dass das erfolgreiche Bestehen sowohl der Odenwaldschule als auch der Ecole d’Humanité zu einem großen Teil auf Edith Geheebs vielfältigem, eigenständigen und unermüdlichen Einsatz beruhte, und sie nicht zuletzt deshalb durchaus als eine der ersten Leiterinnen eines großen Landerziehungsheims bezeichnet werden darf.

475 Schäfer: Paul Geheeb, [1960], S. 31.

7. Tabellarischer Lebenslauf Edith Geheebs

1885	Geburt Edith Johanna Cassirer am 05. August in Danzig
1887	Umzug nach Berlin-Charlottenburg
1893	Besuch der Volksschule
1895	Höhere Töchterschule
seit ca. 1896	Privatunterricht
seit ca. 1901	Beginn ihrer Tätigkeit im Büro Alice Salomons, Arbeit im Kindergarten bzw. Kinderhort Anna von Gierkes
seit ca. 1902	Teilnahme an Aus- und Fortbildungskursen des Pestalozzi-Fröbel-Hauses; neben pädagogischen Seminaren auch Auseinandersetzung mit volkswirtschaftlichen, sozialpolitischen und wirtschaftlichen Themen
1904	Mitarbeit und Teilnahme am 2. Internationalen Frauenkongress in Berlin
1908	Dreimonatiger Aufenthalt als Zweite Hausdame in der Freien Schulgemeinde Wickersdorf, Begegnung mit Paul Geheeb
1908	Heimliche Verlobung mit Paul Geheeb am 26. Juni
1909	Heirat am 18. Oktober, Umzug nach Darmstadt
1910	Erwerb des Lindenheims, Beginn der Bauarbeiten
1910	Eröffnung der Odenwaldschule am 14. April
1911	Organisation der umfangreichen Ausbauarbeiten (Waschhaus mit Stromversorgung, Herder-, Fichte-, Humboldt- und Schillerhaus)
1912	Erster psychischer Zusammenbruch Edith Geheebs, Aufenthalt im Sanatorium Alsbach
1914-1918	Starke Beeinträchtigungen des Schullebens durch den 1. Weltkrieg
1921	Gründung des New Education Fellowship, Mitgliedschaft Edith Geheebs
seit ca. 1922	Vielfältige Auseinandersetzung mit der indischen Kultur und Religion, lebenslange Freundschaft mit Aurobindo Bose
1923	Einsetzende Inflation, Beeinträchtigung der finanziellen Stabilität der Odenwaldschule
1929	Weltwirtschaftskrise
1933	Machtübernahme der NSDAP, zunehmende Repressionen und Beeinträchtigungen des bisherigen (Schul-)Lebens; heimliche Vorbereitungen zur Emigration

1934	Emigration mit 24 SchülerInnen ans Institut Monnier nach Pont-Céard (Schweiz); spannungsreiches Verhältnis zum Mitleiter Willem Gunning
1937	Verzicht Willem Gunnings auf die Mitleitung Eröffnung der „Ecole d'Humanité" am 02. September
1938	Kündigung, Umzug der Schule auf die Playaden
1939	Umzug in das Schloss Greng (Kanton Fribourg) im April
1939	Umzug ins Hotel du Lac am Schwarzsee im Oktober; Beginn der juristischen Auseinandersetzung mit Leo Schermann
1942	Beginn der Psychoanalyse Edith Geheebs bei Alwine von Keller
1946	Umzug nach Goldern, Hasliberg, Eröffnung am 25. Mai
ab ca. 1947	Gerichtliche Auseinandersetzungen mit Ernst Suter, dem Präsidenten der „Genossenschaft der Freunde der Ecole d'Humanité"; allmähliche Ausbauarbeiten
1961	Tod Paul Geheebs am 1. Mai; Übernahme der Schulleitung zusammen mit Armin und Nathalie Lüthi
ab ca. 1962	Verhandlungen um den Verkauf der Odenwaldschule
1965	Reise nach Indien, Israel
1968	Verkauf der Odenwaldschule
1969	Ausbau der Ecole d'Humanité
seit 1974	Themenzentrierte Interaktion an der Ecole d'Humanité
seit ca. 1978	Allmählicher Rückzug aus der aktiven Schularbeit
1982	Tod in Meiringen am 29. April

8. Quellennachweis und Literaturverzeichnis

8.1 Nachlässe und unveröffentlichte Quellen

Archiv der Ecole d'Humanité (AEdH)

Korrespondenz Edith Geheeb mit
Kurt und Eva Cassirer
Uri Dotan
Paul Geheeb
Emmi Hirschberg
Alwine von Keller
Kurt Kläber
Armin Lüthi und Nathalie Lüthi-Peterson
Edith Solmitz
Martin und Wera Wagenschein

Ordner ‚Fotocopien von wichtigen Briefen und Dokumenten'
Ordner ‚Genossenschaft Freund der Ecole d'Humanité, auch Hasliberghaus AG'
Ordner 'Texte Edith Geheeb'
Ritsema, Rudolf: Edith Geheeb-Cassirer, in: Edith Geheeb-Cassirer 5. August 1885 – 29. April 1982, Goldern 1982 (Schrift zur Beerdigung)

Archiv der Odenwaldschule Oberhambach (AOSO)

Korrespondenzen
Bosch-Kemper
Max Cassirer
Forst
Paul Geheeb
Klarty
Philipp
Sachs
Steffen-Eisen

Becker, Gerold: Begegnung mit Edith Geheeb. In: OSO-Hefte, neue Folge, Nr. 2, 1975, S. 13-15.
Cassirer, Eva: Ein Anfang, in: Die Odenwaldschule (Hg.): Der Neue Waldkauz, Nr. 8/9, 1930, S. 90-91.
Schäfer, Walter: Edith Geheeb zum 90. Geburtstag. In: OSO-Hefte, neue Folge, Nr. 2, 1975, S. 3-12.

8.2 Interviews

Interview mit Paul Geheeb, Edith Geheeb und Lisbeth Hartig durch Walter Schäfer, 1958.
Interview mit Edith Geheeb durch Dr. Otto Kopp, Luzern 1970
Gespräch Dr. Kurt Cassirer – Dr. Heiner Cassirer – Oktober 1974

Interview mit Gertraudt Schaefer-Herzogenrath durch Ellen Schwitalski am 23.11.1994.
Interview mit Irmi Jones durch Judith Büschel in Goldern, 30.01.2003
Interview mit Armin Lüthi durch Judith Büschel, 29.01.2003.

8.3 Unveröffentlichte wissenschaftliche Arbeiten

Schwitalski, Ellen: Pädagoginnen an Reformschulen. Eine historische Untersuchung am Beispiel der Odenwaldschule (1910-1934), unveröffentlichte Dissertation Bielefeld 2001.
Stark, Christl: War die Odenwaldschule unter Paul Geheeb ein „Kinderparadies“? Versuch einer Stellungnahme anhand ausgewählter Dokumente aus dem Geheebschen Briefwechsel mit OSO-Kameraden, Altschülern, Eltern und Mitarbeitern. Diplomarbeit Heidelberg 1994.
Ullmann, Kurt: Ecole d'Humanité. Studien zum Alterswerk Paul Geheebs. Schriftliche Arbeit zur 1. Staatsprüfung für das Lehramt an Volks- und Mittelschulen, 1964.

8.4 Gedruckte Quellen und Sekundärliteratur

Arbeitsgruppe „Geschichte des Pestalozzi-Fröbel-Hauses“ (Hg.): Das Pestalozzi-Fröbel-Haus. Entwicklung eines Frauenberufs. Katalog zur gleichnamigen Ausstellung, Berlin 1991.
Berger, Manfred: Alice Salomon. Pionierin der sozialen Arbeit und der Frauenbewegung, Frankfurt/Main 1998
Brühl, Georg: Die Cassirers. Streiter für den Impressionismus, Leipzig 1991.
Cassirer, Eva: Paul Geheeb, in: Cassirer, Eva; Ewa Liesegang; Max Weber-Schäfer (Hg.): Die Idee einer Schule im Spiegel der Zeit. Festschrift für Paul Geheeb zum 80. Geburtstag und zum 40jährigen Bestehen der Odenwaldschule, Heidelberg [ca. 1953], S. 1-7.
Cassirer, Eva; Ewa Liesegang; Max Weber-Schäfer (Hg.): Die Idee einer Schule im Spiegel der Zeit. Festschrift für Paul Geheeb zum 80. Geburtstag und zum 40jährigen Bestehen der Odenwaldschule, Heidelberg [ca. 1953]
Cassirer, Henry: Meine Tante Edith. In: Lüthi, Armin; Margot Schiller (Hg.): Edith Geheeb-Cassirer zum 90. Geburtstag, Meiringen 1975, S. 91-92.
Cassirer, Henry: Und alles kam anders. Ein Journalist erinnert sich, Konstanz 1992.
Cohn, Ruth C.: Von der Psychoanalyse zur themenzentrierten Interaktion. Von der Behandlung einzelner zu einer Pädagogik für alle, Stuttgart [11]1992.
Cohn, Ruth C.; Irene Klein: Großgruppen gestalten mit Themenzentrierter Interaktion. Ein Weg zur lebendigen Balance zwischen Einzelnen, Aufgaben und Gruppe, Mainz 1993.
Deutsches Institut für wissenschaftliche Pädagogik (Hg): Lexikon der Pädagogik der Gegenwart. Freiburg i.Br. 1938.

Erdmann, Otto: Die Odenwaldschule in den Kinderschuhen, in: Cassirer, Eva; Ewa Liesegang; Max Weber-Schäfer (Hg.): Die Idee einer Schule im Spiegel der Zeit. Festschrift für Paul Geheeb zum 80. Geburtstag und zum 40jährigen Bestehen der Odenwaldschule, Heidelberg [ca. 1953], S. 14-18.

Esser, Karl Heinz: Philipp Harth. Mainzer Schriften zur Kunst und Kultur in Rheinland-Pfalz, Bd. 4, Mainz 1975.

Geheeb-Cassirer, Edith: Die Odenwaldschule, in: Lasker-Schüler, Else: Gesichte. Essays und andere Geschichten, Nachdruck Leipzig 1913, S. 45-47.

Geheeb, Edith: Aus meinem Leben, in: Lüthi, Armin; Margot Schiller (Hg.): Edith Geheeb-Cassirer zu ihrem 90. Geburtstag, Meiringen 1975, S. 7-37.

Geheeb, Edith: Paul Geheeb 1870-1961. Pädagogik im Machtfreien Raum: Odenwaldschule – Ecole d'Humanité. Geleitwort, in: pädagogik heute, Heft 4, 1968, S. 173.

Geheeb, Edith: Rede beim Bezug der drei neuen Häuser (1970), in: http://www.ecole.ch/deutsch/framesecole.html, 13.01.2003.

Geheeb, Paul: Die kulturelle Aufgabe der Koedukation. Sonderabdruck aus „Pädagogische Warte", Heft 12, 1931, S. 487-495.

Geheeb, Paul: Idee einer „Schule der Menschheit", in: Cassirer, Eva; Ewa Liesegang; Max Weber-Schäfer (Hg.): Die Idee einer Schule im Spiegel der Zeit. Festschrift für Paul Geheeb zum 80. Geburtstag und zum 40jährigen Bestehen der Odenwaldschule, Heidelberg, [ca. 1953], S. 102-106.

Geheeb, Paul: Rede zur Eröffnung der Odenwaldschule, abgedruckt in: Schäfer, Walter: Die Odenwaldschule 1910-1960, Oberhambach 1960, S. 73-79.

Geheeb, Paul und Edith Geheeb: Odenwaldschule, Darmstadt [ca. 1928].

Geheeb, Paul und Gustav Wyneken**:** Programm der Freien Schulgemeinde Wickersdorf (1906), in: Benner, Dietrich; Herwart Kemper (Hg.): Quellentexte zur Theorie und Geschichte der Reformpädagogik. Teil 2: Die Pädagogische Bewegung bis zum Ende der Weimarer Republik, Weinheim 2001, S. 99-101.

Gierke, Anna von: 25 Jahre Verein Jugendheim und 5 weitere Jahre, Charlottenburg 1954.

Greven-Aschhoff, Barbara: Die bürgerliche Frauenbewegung in Deutschland 1894 bis 1933, Göttingen 1981.

Hagleitner, Silvia: Mit Lust an der Welt – in Sorge um sie. Feministisch-politische Bildungsarbeit nach Paulo Freire und Ruth C. Cohn, Mainz 1996.

Hamaker-Willink, Agaath: Die gänzliche Verantwortung tragen – Ein Bericht aus der Odenwaldschule aus den Jahren 1930-31, In: Becker, Hellmut et al. (Hg.): Neue Sammlung, Heft 4, 1985, S. 519-562.

Hansen-Schaberg, Inge: Minna Specht – Eine Sozialistin in der Landerziehungsheimbewegung (1918 bis 1951), Frankfurt/Main 1992.

Haubfleisch, Dietmar; Jörg-W. Link (Hg.): Das Werdende Zeitalter (Internationale Erziehungs-Rundschau). Register sämtlicher Aufsätze und Rezensionen einer reformpädagogischen Zeitschrift der Weimarer Republik (= Archivhilfe, 8), Oer-Erkenschwick 1994.

Heiland, Helmut: Henriette Schrader-Breymann. Das pädagogische Konzept des Volkskindergartens, In: Sommer, Erika (Hg.): Festschrift 125 Jahre Pestalozzi-Fröbel-Haus: 1874-1999, Berlin 1999, S. 13-63.

Henle, Theda O.: Paul Geheeb – Versoix 1935, in: Cassirer, Eva; Wolfgang Edelstein; Walter Schäfer (Hg.): Erziehung zur Humanität, Heidelberg 1960, S. 27-32.

Höffkes, Karl: Hitlers politische Generäle. Die Gauleiter des Dritten Reiches. Ein biographisches Nachschlagewerk, Tübingen 1986.

Huguenin, Elisabeth: Die Odenwaldschule. Mit einem Vorwort von Peter Petersen, Weimar 1926.

Keller, Alwine von: Eindrücke aus der Ecole d'Humanité, in: Cassirer, Eva; Ewa Liesegang; Max Weber-Schäfer (Hg.): Die Idee einer Schule im Spiegel der Zeit. Festschrift für Paul Geheeb zum 80. Geburtstag und zum 40jährigen Bestehen der Odenwaldschule, Heidelberg, [ca. 1953], S. 106-110.

Killy, Walter; Rudolf Viehaus (Hg.): Deutsche Biographische Enzyklopädie, München 1998.

Klika, Dorle: Die Vergangenheit ist nicht tot. Autobiographische Zeugnisse über Sozialisation, Erziehung und Bildung um 1900, in: Kleinau, Elke; Claudia Opitz (Hg.): Geschichte der Mädchen- und Frauenbildung, Band 2: Vom Vormärz bis zur Gegenwart, Frankfurt/New York 1996, S. 283-296.

Klika, Dorle: Erziehung und Sozialisation im Bürgertum des wilhelminischen Kaiserreichs. Eine pädagogisch-biographische Untersuchung zur Sozialgeschichte der Kindheit, Frankfurt/Main 1990.

Knodt, Otto: Wie ich in die Odenwaldschule kam, in: Die Odenwaldschule (Hg): Der neue Waldkauz, Nr. 8/9, 1930, S. 92-93.

Koerrenz, Ralf: Hermann Lietz. Grenzgänger zwischen Theologie und Pädagogik, Frankfurt/Main 1989.

Kramm, Hellmut: Meine liebste Edith!, in: Lüthi, Armin; Margot Schiller (Hg.): Edith Geheeb-Cassirer zum 90. Geburtstag, Meiringen 1975, S. 93-106.

Krüger, Heinz-Hermann; Winfried Marotzki (Hg.): Handbuch erziehungswissenschaftliche Biographieforschung, Opladen 1999.

Kuhlmann, Carola: Alice Salomon. Ihr Lebenswerk als Beitrag zur Entwicklung der Theorie und Praxis Sozialer Arbeit, Weinheim 2000.

Kupffer, Heinrich: Gustav Wyneken, Stuttgart 1970.

Kurzweil, Zwi Erich: Die Odenwaldschule (1910-1934). In: Paedagogica Historica XIII, 1973, S. 23-56.

Lesanovsky, Werner: „Was Lietz pädagogisch erstrebte, hat Hitler politisch durchgesetzt“: Schulreformerische Traditionen und nationalsozialistische Schulpolitik in Thüringen, in: Zeitschrift für Pädagogik, Nr. 44, 1998, S. 523-542.

Link, Jörg-W.: Reformpädagogik zwischen Weimar, Weltkrieg und Wirtschaftswunder: pädagogische Ambivalenzen des Landschulreformers Wilhelm Kircher (1898-1968), Hildesheim 1999.

Löhmer, Cornelia; Rüdiger Standhardt (Hg.): TZI. Pädagogisch-therapeutische Gruppenarbeit nach Ruth C. Cohn, Stuttgart 1992.

Lüthi, Armin: An Edith!, in: Lüthi, Armin; Margot Schiller (Hg.): Edith Geheeb-Cassirer zum 90. Geburtstag, Meiringen 1975, S. 115-116.

Lüthi, Armin: Impulse der Geheebschen Ecole d'Humanité, In: Pehnke, Andreas (Hg.): Anregungen international verwirklichter Reformpädagogik: Traditionen, Bilanzen, Visionen, Frankfurt/Main 1999, S. 63-70.

Maasen, Thijs: Pädagogischer Eros. Gustav Wyneken und die Freie Schulgemeinde Wickersdorf, Berlin 1995.

Mädchen- und Frauen-Gruppen für soziale Hilfsarbeit zu Berlin (Hg.): Denkschrift anlässlich des 10jährigen Bestehens 1893-1903, Berlin 1903.

Mädchen- und Frauen-Gruppen für soziale Hilfsarbeit zu Berlin (Hg.): Jahresbericht und Programm für das Arbeitsjahr 1901/1902, Berlin 1901.

Mädchen- und Frauen-Gruppen für soziale Hilfsarbeit zu Berlin (Hg.): Jahresbericht und Programm für das Arbeitsjahr 1904/1905, Berlin 1904.

Mann, Klaus: Der Wendepunkt – ein Lebensbild, Frankfurt/Main 1952.

Müller, C. Wolfgang: Wie Helfen zum Beruf wurde. Band 1. Eine Methodengeschichte der Sozialarbeit 1883-1945, Weinheim; Basel 1994.

Näf, Martin: Die Ecole d'Humanité in Goldern. Der Neubeginn Geheebs. In: Röhrs, Hermann (Hg.): Die Schulen der Reformpädagogik heute, Düsseldorf 1986, S. 101ff.

Näf, Martin: Paul Geheeb: seine Entwicklung bis zur Gründung der Odenwaldschule, Weinheim 1998.

Odenwaldschule (Hg.): Edith Geheeb und Eva Cassirer zu ihren 80. Geburtstagen, in: OSO-Hefte, Heft 4, 1965, S. 210-218.

Papritz, Jürg: Liebe Edith!, in: Lüthi, Armin; Margot Schiller (Hg.): Edith Geheeb-Cassirer zum 90. Geburtstag, Meiringen 1975, S. 107-112.

Parker, Erwin: Geliebte Edith!, in: Lüthi, Armin; Margot Schiller (Hg.): Edith Geheeb-Cassirer zum 90. Geburtstag, Meiringen 1975, S. 39-90.

Röhrs, Hermann: Der Weltbund für Erneuerung der Erziehung. Wirkungsgeschichte und Zukunftsperspektiven, Weinheim 1995.

Röhrs, Hermann: Die Reformpädagogik und ihre Perspektiven für eine Bildungsreform, Donauwörth 1991.

Schäfer, Walter: Die Odenwaldschule 1910-1960: Der Weg einer freien Schule, Oberhambach 1960.

Schäfer, Walter (Hg.): Paul Geheeb – Briefe, Stuttgart 1970.

Schäfer, Walter: Paul Geheeb – Mensch und Erzieher, Stuttgart [1960].

Scheibe, Wolfgang: Die reformpädagogische Bewegung 1900-1932: Eine einführende Darstellung, Weinheim (u.a.) ^{10}1994.

Schmitt, Hanno: Die Besucherbücher der Odenwaldschule (1910-1933), in: Lehberger, Reiner; Hans-Peter de Lorent (Hg.): Nationale und internationale Verbindungen der Versuchs- und Reformschulen in der Weimarer Republik, Hamburg 1993, S. 130-135.

Schoen-René, Otto E.: In Tante Ediths Familie, in: Die Odenwaldschule (Hg.): Der neue Waldkauz, Nr. 8/9, 1930, S.103-105.

Schulze, Theodor: Allgemeine Erziehungswissenschaft und erziehungswissenschaftliche Biographieforschung, In: Wigger, Lothar (Hg.): Forschungsfelder der allgemeinen Erziehungswissenschaft, Opladen 2002, S. 129-146.

Shirley, Dennis: Radikaler Humanismus: Die Lebensarbeit von Paul und Edith Geheeb in der Odenwaldschule und in der Ecole d'Humanité, in: Röhrs, Hermann; Volker Lenhart (Hg.): Die Reformpädagogik auf den Kontinenten. Ein Handbuch, Frankfurt [u.a.] 1994, S. 249-257.

Shirley, Dennis: The politics of progressive education: the Odenwaldschule in Nazi Germany, Cambridge 1992.

St. Goar, Trude: Über die Notwendigkeit einer pädagogischen Atmosphäre, in: Cassirer, Eva; Ewa Liesegang; Max Weber-Schäfer (Hg.): Die Idee einer Schule im Spiegel der Zeit. Festschrift für Paul Geheeb zum 80. Geburtstag und zum 40jährigen Bestehen der Odenwaldschule, Heidelberg [ca. 1953], S. 54-55.

Swan, Jon: Ohne Titel, in: Lüthi, Armin; Margot Schiller (Hg.): Edith Geheeb-Cassirer zum 90. Geburtstag, Meiringen 1975, S. 113-114.

Taylor Allen, Ann: Feminismus und Mütterlichkeit in Deutschland 1800-1914, Weinheim 2000.

Tenorth, Heinz-Elmar: Biographie und gelebtes Leben – Notizen über einige unvermeidliche Fiktionen, In: Hansen-Schaberg, Inge (Hg.): „etwas erzählen". Die lebensgeschichtliche Dimension in der Pädagogik. Bruno Schonig zum 60. Geburtstag, Baltmannsweiler 1997, S. 189-200.

Trüper, Hellmut; Irmela Trüper: Ursprünge der Heilpädagogik in Deutschland. Johannes Trüper – Leben und Werk, Stuttgart 1978.

Wagenschein, Martin: Erinnerungen für morgen. Eine pädagogische Autobiographie. Weinheim und Basel ^{2}1989.

Wieler, Joachim: Erinnerungen eines zerstörten Lebensabends. Alice Salomon während der NS-Zeit 1933-37 und im Exil 1937-48, Darmstadt 1987.

Bildungs- und kulturgeschichtliche Beiträge für Berlin und Brandenburg

1 **Hanno Schmitt / Frank Tosch (Hrsg.): Erziehungsreform und Gesellschaftsinitiative in Preußen 1798–1840**
ISBN 3-89693-128-8 • 186 Seiten • 18 Abb.

2 **Inge Hansen-Schaberg: Koedukation und Reformpädagogik.** Untersuchung zur Unterrichts- und Erziehungsrealität in Berliner Versuchsschulen der Weimarer Republik
ISBN 3-89693-136-9 • 274 Seiten • 6 Abb.

3 **Joachim Joe Scholz: „Haben wir die Jugend, so haben wir die Zukunft".** Die Obstbausiedlung Eden/Oranienburg als alternatives Gesellschafts- und Erziehungsmodell (1893–1926)
ISBN 3-89693-217-9 • 128 Seiten • 16 Abb.

4 **Judith Büschel: Edith Geheeb.** Eine Reformpädagogin zwischen pädagogischem Ideal und praktischem Schulmanagement
ISBN 3-89693-401-5 • 130 Seiten

5 **Frank Tosch (Hrsg.): Friedrich Gedike (1754–1803) und das moderne Gymnasium.** Historische Zugänge und aktuelle Perspektiven
ISBN 978-3-89693-512-0 • 179 Seiten • 18 Abb.

6 **Hanno Schmitt / Frank Tosch (Hrsg.): Neue Ergebnisse der Rochow-Forschung**
ISBN 978-3-89693-539-7 • 189 Seiten • 23 Abb.

7 **Frank Tosch (Hrsg.): Heinrich Julius Bruns (1746–1794).** Interpretationen – Quellen
ISBN 978-3-89693-732-2 • 270 Seiten • 44 Abb.

8 **Frank Tosch / Hubert Illig (Hrsg.): „Und wir waren wie eine große Gemeinschaft …!".** Beiträge und Quellen zur Jena-Plan-Pädagogik an der weltlichen Schule in Finsterwalde am Ende der Weimarer Republik
ISBN 978-3-89693-777-3 • 335 Seiten • 69 Abb.

9 **Frank Tosch / Stefan Kipf / Andreas Fritsch (Hrsg.): Friedrich Gedike (1754–1803). Aufklärer – Schulreformer – Publizist.** Bildungshistorische Reflexionen – Quellen
ISBN 978-3-89693-808-4 • 203 Seiten • 8 Abb.